Klaus E. Birkner, Tanja Heim, Christina Pflüger

Ethik 7/8
Realschule Bayern

1. Auflage

Bestellnummer 30015

Zeichenerklärung

* Die so gekennzeichneten Begriffe werden am Ende des Buches im Glossar erklärt.

■ Haben Sie Anregungen oder Kritikpunkte zu diesem Produkt?
Dann senden Sie eine E-Mail an 30015@bv-1.de
Autoren und Verlag freuen sich auf Ihre Rückmeldung.

www.bildungsverlag1.de

Bildungsverlag EINS GmbH
Sieglarer Straße 2, 53842 Troisdorf

ISBN 978-3-427-**30015**-1

© Copyright 2008: Bildungsverlag EINS GmbH, Troisdorf
Das Werk und seine Teile sind urheberrechtlich geschützt. Jede Nutzung in anderen als den gesetzlich zugelassenen Fällen bedarf der vorherigen schriftlichen Einwilligung des Verlages.
Hinweis zu § 52a des UrhG: Weder das Werk noch seine Teile dürfen ohne eine solche Einwilligung eingescannt und in ein Netzwerk eingestellt werden. Dies gilt auch für Intranets von Schulen und sonstigen Bildungseinrichtungen.

Dieses Werk ist eine Bearbeitung von „Gib mir die Hand – Ethik 7 und 8", verfasst von Daniela Karle, Ingrid Rehm-Kronenbitter, Sabine Wagner, Stefanie Kreutzfeld, Nurdan Örgüc.

Inhaltsverzeichnis

7. Jahrgangsstufe

7 1 Leben in der Gemeinschaft
8 **Ich und die anderen**
8 Die Bedeutung von Gemeinschaften für den Einzelnen
9 Bedürfnisse des Einzelnen und der Gemeinschaften
10 Meine Rechte und Pflichten als Mitglied einer Gemeinschaft
11 Regelungen des Zusammenlebens in einer Gemeinschaft
13 Mir geht's gut. – Wie geht's dir?
15 Der Einzelne als Helfer
17 Wegschauen gilt nicht! Verantwortung übernehmen
19 Jeden Tag eine gute Tat?
22 Vorschläge für Projekte und fächerübergreifendes Lernen

25 2 Konflikte im Alltag
26 **Wahrnehmung von Konflikten**
26 Konfliktursachen
28 Viermal Streit
29 Wie du mir, so ich dir?
30 Verletzte Gefühle
32 **Möglichkeiten der Konfliktbewältigung**
32 Was sind eigentlich Konflikte?
34 Umgang mit Konflikten
36 Wer nicht wagt, der nicht gewinnt
38 Gelungen oder nicht gelungen?
39 Sich nicht alles gefallen lassen
41 Zum Nachdenken: Nichts gesagt

43 3 Ethik des Islam
44 **Leben der Muslime**
44 Muslime bei uns
45 Der Islam – eine Weltreligion
46 Eine Situation zu Hause
48 Die Hauptfeste im Islam
50 Leben in zwei Kulturen
52 Die vielen Gesichter des Islam
54 **Grundlagen des Islam**
54 Der Prophet Mohammed
56 Der Koran – das heilige Buch der Muslime

	57	Die Rolle der Frau im Islam
	58	Die fünf Säulen des Islam
	60	**Wirkungen des Islam auf Europa**
	60	1, 2, 3 – Woher kommen unsere Zahlen?
	62	Austausch zwischen Orient und Okzident
	64	Betest du in der Kirche oder in der Moschee?
	66	Reicher und armer Orient
	68	**Verwandtschaft der Religionen**
	69	Abraham – die Glaubensgestalt für Juden, Christen und Moslems
	70	Dialog zwischen den Kulturen und Religionen
	72	Zum Nachdenken: Als der Märchenvogel kam

4 Feste feiern

73 **4 Feste feiern**
74 **Feste feiern**
74 Wir feiern – so oder so!
75 Warum feiern Menschen?
76 Die Klassenfete
78 Man soll die Feste feiern, wie sie fallen ...

8. Jahrgangsstufe

5 Erwachsen werden

85 **5 Erwachsen werden**
86 **Meine Lebensplanung**
86 Pippi Langstrumpf
87 Traum oder Wirklichkeit?
89 Chancen und Grenzen
91 **Selbst- und Fremdeinschätzung**
91 Wie sehe ich mich?
92 Was macht mich stark?
93 Wie siehst du mich?
94 **Was Jugendlichen wichtig ist?**
94 Was ist für dich cool?
95 Mode im Wandel
96 Musik für jedermann?
97 Persönliche Lebensziele
98 Blick über den Tellerrand: Andere Kulturen – andere Bräuche
99 10 Gebote: out – Okkultismus: in?
101 Sekten – eine Welt für sich
102 Heute blau, morgen blau ... und was ist übermorgen?

103		Macht Rauchen Sinn?
105		Die Jugend von heute
106		**Sinnsuche – Sinnfindung**
106		Persönlicher Einsatz
107		Du und ich – wir?
108		Aufeinander zugehen und Freunde gewinnen
109		**Leitbilder für mein Leben**
111		Leitbilder – eine Orientierungshilfe?
112		Leitbilder – eine Bereicherung
113		Leitbilder im Blickfeld
114		Flucht in Traumwelten
115		Stars und Medien
116		Vorbildliche Vorbilder
118		Menschen für Menschen
119		Helden und Antihelden
121		Eigene Vorbilder
122		Was macht sie zu Idolen?
124		Zum Nachdenken: Wüstenblume
125	**6**	**Verantwortung für Mensch und Umwelt**
126		**Gesundheit**
126		Gesundheit!
127		Verantwortung für die eigene Gesundheit übernehmen
128		Ich kann/will/muss helfen!
132		Drogen – Verlockung und Gefahr
134		**Freundschaft, Liebe und Sexualität**
134		Ich verändere mich
136		Wie verhält sich MANN/FRAU?
137		Verschiedene Kulturen – verschiedene Rollenbilder
138		Frauen- und Männerbilder in den Medien
139		Traummann/Traumfrau gesucht!
140		Liebe ist …?
141		Mehr als nur Freunde?
143		Doktor Love rät …
144		Lass uns mal reden!
146		Sag Nein, wenn du Nein meinst!
147		Wir sind enttäuscht
148		Homosexualität: Kann das Liebe sein?
150		Zum Nachdenken: Mensch Jörg, es war so schön

152		**Natur und Umwelt**
152		Mensch und Umwelt – früher und heute
154		Wir haben nur die eine Erde
156		Verantwortungsbewusster Lebensstil?
158		Zum Nachdenken: Häuptling Seattle

159   7 Grundlegende Maßstäbe menschlichen Handelns: Werte, Normen und Tugenden

160	**Werte**
160	Grundsätzliches zum Wertebegriff
160	Grundwerte im Grundgesetz und ihre Bedeutung
165	Verschiedene Werte in unterschiedlichen Kulturen
166	Verständnis und Toleranz hinsichtlich verschiedener Lebenshaltungen
168	Die Rangfolge meiner Werte
170	Menschenrechtserklärungen und Schutz fundamentaler ethischer Werte
172	**Normen**
172	Was wir schon über Normen wissen
173	„Ich tue, was ich will!"
175	Wozu brauchen wir Normen?
178	Normen als Grundlage für persönliche Entscheidungen
180	Falsch oder richtig? Gut und böse?
182	Normen im Wandel
185	**Tugenden**
185	Was sind Tugenden?
188	Bedeutungswandel von Tugenden
190	Der Stellenwert von Tugenden
192	Maßstäbe als Voraussetzungen für ein menschliches Zusammenleben
193	**Glossar**
198	**Bild- und Textquellenverzeichnis**

1 Leben in der Gemeinschaft

1 Leben in der Gemeinschaft

Ich und die anderen

Die Bedeutung von Gemeinschaften für den Einzelnen

Betrachte die folgenden sechs Bilder und beantworte die unten stehenden Arbeitsaufträge:

1. Benenne die Gemeinschaften, die auf den Bildern abgebildet sind, und beschreibe sie. Was ist das Typische an diesen Gemeinschaftsformen, was macht sie aus?

2. Welche Bedeutung hat die Gemeinschaft für den Einzelnen, der ein Teil von ihr ist? Was gibt sie ihm?

3. Ordne die folgenden Begriffe den oben stehenden Bildern zu: Clique, Geborgenheit, Schutz, Stärkung der Identität, Spaß, Freundschaft, Lerngemeinschaft, Liebe, Religionsgemeinschaft, Partnerschaft, Hilfsbereitschaft, Vorbild und sinnvolle Freizeitgestaltung.

Bedürfnisse des Einzelnen und der Gemeinschaften

Die Notwendigkeit oder den Wunsch, etwas zu bekommen, das man braucht, bezeichnet man als **Bedürfnis**. Jeder Mensch hat eine ganze Reihe von natürlichen Bedürfnissen (Essen, Trinken, Schlafen). Dazu kommen Bedürfnisse, die nicht lebensnotwendig sind und mehr in den Bereich des Luxus fallen wie z. B. die allerneueste Spielekonsole oder das Handy mit den ultimativen Funktionen zu besitzen.

1 Notiere einige deiner Bedürfnisse auf ein Blatt. Diskutiert in der Gruppe, inwiefern diese
   a) lebensnotwendig,
   b) wichtig oder
   c) eigentlich unwichtig sind.

2 Übertrage die folgende Tabelle in dein Heft und fülle sie aus. Die Tabelle benötigt ungefähr eine DIN-A4-Seite. Bildet anschließend kleine Gruppen und vergleicht und ergänzt eure Ergebnisse. Versucht euch auf eine Reihenfolge der Bedürfnisse in jeder Gemeinschaftsform zu einigen. Die wichtigsten Bedürfnisse erhalten die Ziffer 1, die zweitwichtigsten die Ziffer 2 usw. Tragt anschließend eure Ergebnisse vor und diskutiert in der Klasse darüber.

Gemeinschaftsform	Welche Bedürfnisse hat die Gemeinschaft/Gruppe?	Welche Bedürfnisse hat das einzelne Mitglied der Gemeinschaft?
Klassengemeinschaft		
Jugendclique	Spaß	Stärkung der Identität („Dazugehören")
Liebespaar		
Familie	Schutz, Geborgenheit	
Verein		
Religionsgemeinschaft		

1 Leben in der Gemeinschaft

Meine Rechte und Pflichten als Mitglied einer Gemeinschaft

Alles im Leben hat zwei Seiten ...

Wenn du dich selbst ehrlich betrachtest, dann musst du wohl zugeben, dass du gerne viel mehr Rechte hättest, als du jetzt hast: Du würdest gern fernsehen, solange du willst. Du würdest am Wochenende gern so lange ausgehen, wie du Lust hast, ohne von deinen Eltern ermahnt zu werden. Würdest du jeden Tag zur Schule gehen wollen, wenn es nicht Pflicht wäre?

Alles im Leben hat zwei Seiten: meist eine angenehme und eine unangenehmere. So gibt es neben den angenehmen *Rechten* die eher unangenehmen Pflichten.

1 Überlegt gemeinsam, welche Bereiche eures Lebens eine angenehme oder schöne Seite haben und zugleich aber eine unangenehme, anstrengendere.

2 Übertrage die folgende Tabelle in dein Heft und fülle sie aus. Die Tabelle benötigt ungefähr eine DIN-A4-Seite. Bildet anschließend kleine Gruppen und vergleicht und ergänzt eure Ergebnisse. Tragt anschließend eure Ergebnisse vor und diskutiert in der Klasse darüber.

Gemeinschaftsform	Rechte ... → Das darf der Einzelne tun:	... und Pflichten → Das muss der Einzelne tun, das wird wird von der Gemeinschaft erwartet:
Klassengemeinschaft	?	?
Jugendclique	?	?
Liebespaar	?	?
Familie	?	?
Verein	?	?
Religionsgemeinschaft	?	

Regelungen des Zusammenlebens in einer Gemeinschaft

Das Zusammenleben in einer Gemeinschaft unterliegt häufig bestimmten Regeln. Wenn alle diese Regeln kennen, macht es das Zusammenleben leichter, weil nicht jedes Mal wieder von Anfang an besprochen werden muss, was erlaubt ist und was nicht oder wie man sich in bestimmten Situationen verhalten sollte. Diese Verhaltensregeln haben im Laufe der Geschichte verschiedene Ausprägungen erfahren:

Sitten

Sitten sind dem Einzelnen vorgeschriebene gesellschaftliche Verhaltensweisen. Sitten sind in bestimmten Situationen (z. B. beim Essen) immer wiederholbar. Meist wird in diesem Zusammenhang von **„guten Sitten"** gesprochen. Der Begriff **„Sittenlehre"** bedeutet so viel wie **„Ethik"**.
In China ist es zum Beispiel wichtig, dass man, wenn man fertig gegessen hat, einen kleinen Essensrest auf dem Teller lässt. Der Gastgeber sieht dann, dass der Gast genügend zu essen bekommen hat und es nicht zu wenig war. In Deutschland dagegen ist es eher üblich, den Teller leer zu essen. Lässt man dagegen bei uns Essen auf dem Teller zurückgehen, so ist das ein Zeichen, dass es einem nicht besonders geschmeckt hat.

1 *Findet weitere Beispiele für unterschiedliche Sitten in verschiedenen Ländern und sprecht darüber.*

Bräuche

Das Maibaumaufstellen ist ein jahrhundertealter bayerischer Brauch. In fast jedem Dorf gibt es einen schön geschmückten Maibaum. Ein weiterer Brauch ist es, bei Beerdigungen Kränze und Gestecke an das Grab eines Verstorbenen zu legen.

Unter einem Brauch versteht man eine Verhaltensweise, die aus früherer Zeit überliefert ist und in einer bestimmten Gesellschaft verbindlich ist. Das Brauchtum ist immer eng mit der Tradition verbunden, also mit Gewohnheiten, die seit Jahrhunderten überliefert sind.

2 *Suche weitere Informationen zu Bräuchen. Welche kommen aus dem heimatlichen Raum (z. B. Bayern, Franken, Schwaben, Oberpfalz), welche aus dem Ausland (z. B. Halloween)?*

3 *Welchen Sinn und Wert haben diese Bräuche?*

Das Maibaumaufstellen –
ein typisch bayerischer Brauch

1 Leben in der Gemeinschaft

Gebote

Unter einem Gebot versteht man eine Anweisung, die man befolgen muss. So besagt z. B. das Gebotsschild auf dem Bild gegenüber, dass man mit mindestens 30 km/h fahren muss und nicht langsamer fahren darf. In den Religionen ist das Gebot (vgl. „Die zehn Gebote") vergleichbar dem Gesetz.

1 Finde weitere Gebote, die in Deutschland allgemein bekannt sind.

2 Kennst du auch Gebote, die in anderen Ländern Gültigkeit haben?

Verbote

Ein Verbot besagt, dass man etwas nicht tun darf. So besagt z. B. das Schild auf dem rechten Bild, dass es verboten ist, schneller als 60 km/h zu fahren.

3 Zähle einige Verbote auf, die speziell für Jugendliche gelten. Welche gelten speziell für Erwachsene? Welche für Schüler, für Lehrer usw.?

4 Was geschieht, wenn diese Verbote nicht eingehalten werden? Welche Konsequenzen hat das?

Gesetze

Ein Gesetz ist eine Anweisung, die vom Staat erlassen wurde. Zu den in Deutschland bekanntesten Gesetzbüchern zählen das Bürgerliche Gesetzbuch (BGB), das Strafgesetzbuch (StGB) und die Abgabenordnung (AO). Jedes Land hat seine eigenen Gesetzestexte. Innerhalb der EU gilt zusätzlich das europäische Recht.

5 Finde weitere Gesetzestexte, die in Deutschland Gültigkeit haben.

6 Mitschülerinnen und Mitschüler aus anderen Ländern können von Gesetzen berichten, die in dem Land Gültigkeit haben, aus dem sie bzw. ihre Eltern stammen.

Das BGB – eines der bekanntesten Gesetzbücher in der BRD

1 Leben in der Gemeinschaft

Mir geht's gut. – Wie geht's dir?

1 Lest die folgende Geschichte aufmerksam durch.

Es war einmal – Die Geschichte vom alten Großvater

Es war einmal ein steinalter Mann, dem waren die Augen trüb geworden, die Ohren taub, und die Knie zitterten ihm. Wenn er nun bei Tische saß und den Löffel kaum halten konnte, schüttete er Suppe auf das Tischtuch, und es floss ihm auch etwas wieder aus dem Munde.
Sein Sohn und dessen Frau ekelten sich davor, und deswegen musste sich der alte Großvater endlich hinter den Ofen in die Ecke setzen und sie gaben ihm sein Essen in ein Schüsselchen aus Ton und noch dazu nicht einmal genug. Da sah er betrübt nach dem Tische und die Augen wurden ihm nass. Einmal konnten seine zittrigen Hände das Schüsselchen nicht festhalten; es fiel zur Erde und zerbrach ...

a) Beschreibt die Gefühle des alten Mannes, des Sohnes und dessen Frau.
b) Wie könnte die Geschichte weitergehen? Lies bitte nicht die Geschichte im Buch weiter, sondern schreibe die Geschichte selbst zu Ende. Besprecht eure verschiedenen Fortsetzungen in der Gruppe.
c) Ihr habt die Geschichte unterschiedlich weitergeführt. Setzt einige eurer Ideen in kurze Spielszenen um (Rollenspiel).

2 Lies nun, wie die Geschichte weitergeht:

Die junge Frau schimpfte, er sagte aber nichts und seufzte nur. Da kaufte sie ihm ein hölzernes Schüsselchen für ein paar Heller, daraus musste er nun essen. Wie sie einst da so sitzen, so trägt der kleine Enkel von vier Jahren auf der Erde kleine Brettlein zusammen. „Was machst du da?", fragte der Vater. „Ich mache ein Tröglein", antwortete das Kind, „daraus sollen Vater und Mutter essen, wenn ich groß bin." Da sahen sich Mann und Frau eine Weile an, fingen endlich an zu weinen, holten sofort den alten Großvater an den Tisch und ließen ihn von nun an immer mitessen, sagten auch nichts, wenn er ein wenig verschüttete.

3 Die Geschichte hat ein überraschendes Ende.
a) Was ist passiert?
b) Beschreibt die Gefühle des Sohnes und seiner Frau.
c) Kannst du dir vorstellen, was in dem Großvater vorgeht? Notiere in Stichpunkten.

13

1 Leben in der Gemeinschaft

Das Euthanasie*-Programm in der NS-Zeit

Während des Dritten Reiches sollte alles sogenannte lebensunwerte Leben wie behinderte oder erbkranke Menschen gewaltsam getötet werden. Fritz von Bodelschwingh, Neffe des damaligen Leiters der Anstalt Bethel bei Bielefeld, berichtet über seinen ersten Kontakt mit schwerstbehinderten Menschen:

Zum ersten Mal in meinem Leben betrat ich um sechs Uhr morgens die Station 7. Der Stationspfleger schlug die Decke vom ersten Bett an der Tür zurück und sagte: „Sie können gleich damit anfangen, unseren Hans zu baden!" Ich erblickte einen gänzlich verblödeten Mann von 20 Jahren, ein wund gelegenes Bündel von Haut und Knochen, dessen Knie weit hinaufgezogen waren, wo sie mit Watte gegen ein weiteres Wundreiben umwickelt waren. Er konnte nicht sprechen, wurde gefüttert und von Kot gereinigt. Kurz, ich sah zum ersten Mal solch ein Leben. Als ich dieses entsetzliche Bündel nackt auf die Arme gelegt bekam, um es im Badezimmer zu baden, hätte ich es beinahe auf die Erde geworfen. Als nach einer Viertelstunde dieser Mensch gewindelt und verbunden unter der Bettdecke lag, dachte ich: „Hier bleibst du keinen Tag." Dann aber geschah es, dass dieses schreckliche Bündel sich bewegte und einen Arm in die Höhe streckte. Erschrocken sah ich mich nach dem Pfleger um: Er hatte das alles still beobachtet ... Aber jetzt musste er doch nachhelfen. „Merken Sie es noch nicht? Hans will Ihnen danken!" Aber ich hatte diesen Hans gar nicht für einen Menschen gehalten. Wie musste der Kranke darunter gelitten haben, dass ich ihn als ekligen Gegenstand betrachtete? Er war mir nicht böse. Nein, er wollte mir diese erste Begegnung mit ihm leichter machen, indem er mir dankte. Er, der Kranke und Blöde, ging auf mich zu. Ich, der Gesunde, konnte es nicht, sondern musste es durch ihn lernen. Wir sind schnell gute Freunde geworden.

1 Beschreibe die ersten Eindrücke, die Fritz von Bodelschwingh von Hans hatte.

2 „Hier bleibst du keinen Tag." Wäre dies auch dein Gedanke gewesen? Begründe.

3 Wodurch ändert sich die Einstellung Bodelschwinghs?

4 Hans ist schwerstbehindert. Er streckt einen Arm in die Höhe. Wie kann der Pfleger erkennen, dass er dem Neuen danken will?

5 Wie konnte er mit dem schwerbehinderten jungen Mann „gut Freund" werden?

6 Du machst Urlaub mit deiner Familie. Am Nachbartisch im Speisesaal des Hotels sitzt eine Familie mit einer schwerbehinderten Tochter, die gefüttert werden muss. Sie kann nicht sprechen, sondern gibt nur einzelne Laute von sich.
   a) Würdest du das als störend empfinden?
   b) Versuche, dich in die Lage der betroffenen Eltern zu versetzen: Wie geht es ihnen in dieser Situation? Was würden sie sich von dir wünschen?

7 Welche Erfahrungen hast du selbst schon mit Menschen mit Behinderung gemacht?

1 Leben in der Gemeinschaft

Der Einzelne als Helfer

Wer braucht was?

1 Bildet Gruppen und erstellt zu den Personen auf den Fotos jeweils ein Cluster* auf einem Plakat oder an der Tafel.

a) Sammelt im Cluster eure Gedanken zu den Menschen.

Beispiel zu Bild unten links:

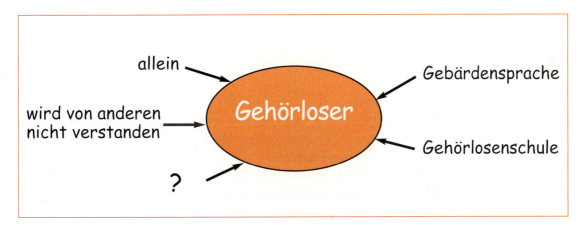

b) Präsentiert eure Arbeitsergebnisse.

c) Jeder Mensch hat Bedürfnisse. Findet mithilfe eurer Cluster heraus, welche Bedürfnisse die Betroffenen haben könnten.
Notiert eure Ergebnisse und stellt sie den anderen vor.

d) Versetze dich in die Rolle eines Betroffenen in den Bildern von Seite 15. Stell dir vor, du hast einen Wunsch frei. Was würdest du dir wünschen? Weshalb?

2 a) Decke mit einem Blatt die rechte Seite des folgenden Textes ab. Überlege, von welchen Personen die Aussagen auf der linken Seite stammen könnten. Diskutiert darüber.

Keiner besucht mich.	Wer würde sich über meinen Besuch freuen?
Keiner schreibt mir.	Wer freut sich über ein paar Zeilen von mir?
Keiner hört mir zu.	Wer würde sich freuen, wenn ich ihm zuhöre?
Keiner fährt mit mir in Urlaub.	Wen könnte ich mit in Urlaub nehmen?
Keiner will meine Hilfe.	Von wem würde ich Hilfe annehmen?
Keiner fragt mich um Rat.	Wen versuche ich zu verstehen?
Keiner vermisst mich.	An wen denke ich?
Keiner nimmt mich in den Arm.	Wem vertraue ich mich an?
Keiner lacht mich an.	Wem schenke ich mein Lachen?

b) Welche Wünsche haben diese Personen? Lass die rechte Hälfte der Tabelle abgedeckt und notiere auf einem Blatt:
- Ich wünsche mir, dass mich meine Tochter besucht.
- Ich wünsche mir einen Brief von …
- …

c) Decke nun die linke Seite ab. Lies die Fragen auf der rechten Seite durch. Schreibe zu jeder Frage deine persönliche Antwort in zwei bis drei Sätzen auf.

3 Diskutiert die Frage „Macht helfen Spaß?".

Wegschauen gilt nicht! Verantwortung übernehmen

Ein Freund von 70 Jahren

Herrn Rosental lernte ich am Anfang des Schuljahres kennen. Unsere Lehrerin teilte uns in „freiwillige Hilfsgruppen" ein, und unter den Aktivitäten, die sie vorschlug, gab es auch die Möglichkeit, sich um einen alten Menschen zu kümmern und ihm behilflich zu sein.

Als meine Mutter hörte, dass ich mir aus der Fülle der Angebote aus freiwilligen Hilfeleistungen ausgerechnet die „Adoption" eines alten Menschen ausgesucht hatte und ihm einmal in der Woche Gesellschaft leisten sollte, sagte sie nur: „Und was?" Ihr, die ihr sie noch nicht kennt, müsst verstehen, dass dieses „Und was?" nur die Abkürzung des folgenden Satzes war: „Und was habt ihr gedacht? Statt dass er sich Freunde in seinem Alter sucht, statt dass er Fußball spielt und Sport treibt, statt dass er seine Bücher und sein blödes Kaninchen mal sein lässt, nein, statt alledem geht er hin und sucht sich einen Freund von siebzig Jahren. Und ich bin sicher, dass er das nur tut, um mich zu ärgern." Das ist die volle, ungekürzte und unveränderte Bedeutung dieses „Und was?" meiner Mutter. Ihr müsst zugeben, dass es viel sparsamer ist, einfach „Und was?" zu sagen, statt eine ganze Rede zu halten. Aber es half ihr nichts, ich schloss mich der Gruppe von drei weiteren Schülern an, und wir fuhren zum Altersheim, das man auch „Seniorenheim" nennt ...

1 *Am nächsten Tag berichten die Schüler im Unterricht über ihre Erfahrungen und von ihren Eindrücken bei ihren freiwilligen Hilfseinsätzen. Was könnten die vier Schüler, die im Altenheim arbeiten, berichten? Notiert diese „Erfahrungsberichte" und tragt sie der Klasse vor.*

2 *Die vier Schüler haben sich dafür entschieden, einen Nachmittag in der Woche mit den alten Menschen zu verbringen. Das Schulprojekt dauert ein ganzes Jahr.*
Was bedeutet das für die Jugendlichen? Sammelt in der Gruppe eure unterschiedlichen Meinungen dazu und stellt die Vor- und Nachteile in einer Tabelle dar. Diskutiert.

3 *„Und was?" – Die Mutter scheint nicht sehr begeistert zu sein von dem Hilfseinsatz im Altenheim. Sollte sie nicht stolz sein? Begründe.*

4 *Freiwillige Arbeit für den Umweltschutz, im Altenheim, mit Kindern ... Wie würdest du dich entscheiden?*

1 Leben in der Gemeinschaft

Stars als UNICEF*-Botschafter

„Vor einiger Zeit wurde ich gebeten, meine Popularität in den Dienst der UNICEF zu stellen. Weil ich selbst zwei Kinder habe, war ich natürlich leicht für diese Aufgabe zu gewinnen. Unter anderem plant die UNICEF zurzeit ein zweijähriges Projekt gegen den Kinderhandel in Asien, für das ich werben werde. Nur, weil es uns hier so relativ gut geht, dürfen wir die Augen vor dem Schlimmen, das in der Welt passiert, nicht verschließen!"
Hardy Krüger jr.

„Es ist mir eine große Ehre, mich in die Liste der Berühmtheiten einreihen zu dürfen, die UNICEF unterstützen", sagte Shakira bei ihrer Ernennung zur UNICEF-Botschafterin. „UNICEF hat in meinem Land Kolumbien große Arbeit geleistet." Shakira ist die jüngste UNICEF-Botschafterin und wird sich vor allem im Bereich Bildung engagieren und das Ziel von UNICEF unterstützen, weltweit allen Kindern den Schulbesuch zu ermöglichen.
Shakira

1 Stars engagieren sich für hilfsbedürftige Kinder. Warum ist ihre Hilfe wichtig?
2 Sind mit diesem Einsatz auch Pflichten verbunden?

Projektvorschlag:

Überblick über Hilfsorganisationen

Es gibt eine ganze Reihe sozialer Einrichtungen, die Menschen in Not helfen. Man bezeichnet solche Hilfsorganisationen auch als soziale Institutionen*.

Sucht in aktuellen Medien nach weiteren sozialen Einrichtungen und Organisationen (z. B. Caritas, Eine Welt Laden, Ärzte ohne Grenzen u.v.a.) und fertigt eine Übersicht an, die zeigt, welche Einrichtung welchen Menschen hilft und auf welche Art und Weise dies geschieht. Beschafft euch weiteres Informationsmaterial zu diesen Einrichtungen und Organisationen bei Kirchen, Ämtern und aus dem Internet. Gestaltet damit eine Pinnwand oder eine Ausstellung.

Jeden Tag eine gute Tat?

Die alte Pfadfinder-Regel

Die Pfadfinder* (engl. „Boyscouts") sind die größte freiwillige internationale Jugendbewegung. Sie wurde 1907 in Amerika gegründet und zählt weltweit über 26 Millionen Mitglieder. Diese verpflichten sich auf die Grundideen der **Solidarität***, **Toleranz*** und **Mitverantwortung**. Ziel ist die Förderung von Gemeinschaftsgeist und einer naturgemäßen Lebensweise auf freiheitlicher und parteiunabhängiger Grundlage. Eine alte

Pfadfinder-Regel besagt: „Versucht die Welt ein bisschen besser zurückzulassen, als ihr sie vorgefunden habt!" In der breiten Bevölkerung ist diese Regel in der Form bekannt geworden, dass Pfadfinder jeden Tag eine gute Tat vollbringen sollen.

1 *Gibt es auch gute Taten, die in ihrer Wirkung gar nicht so gut sind, wie man glaubt?*

2 *Ist Helfen immer positiv? Kannst du dir Fälle vorstellen, in denen es besser ist, jemandem nicht zu helfen?*

3 *Wie verhält man sich in den folgenden Fällen moralisch richtig und sittlich gut? Diskutiert das Für und Wider in der Gruppe.*
- *Du hilfst einer älteren Frau über die Straße, obwohl sie gar nicht über die Straße gehen will.*
- *Du gibst einem Obdachlosen, der an der Ecke vor einem Supermarkt sitzt, Geld, obwohl du weißt, dass er sein ganzes Geld in Schnaps investiert und damit seine Gesundheit ruiniert.*
- *Dein Kumpel aus der Clique wirft einem Bettler ein 10-Cent-Stück in die aufgestellte Sammelschachtel und sagt: „Da, dass du auch was hast, du armer Hund."*
- *Du behandelst einen erwachsenen Gehörlosen wie ein Kleinkind, weil du meinst, er ist auch geistig unterentwickelt.*

Zusammenfassung: Einige wichtige Grundsätze beim Helfen

Wenn wir einen hilfsbedürftigen Menschen in Not sehen, so ist es in der Regel sicherlich sittlich gut, wenn wir ihm helfen, aus seiner Notlage zu kommen. Man sollte jedoch stets darauf achten, dem Menschen, dem man hilft, seine Würde zu lassen und ihn nicht zu beschämen. Nicht in jedem Fall ist helfen automatisch gut und nichthelfen automatisch schlecht. Man muss dabei sein Fingerspitzengefühl einsetzen. Wenn du in deinem Bekanntenkreis einen Menschen mit Behinderung hast, so hast du bestimmt schon öfter von ihm oder ihr den Ausspruch gehört, er möchte einfach „wie ein ganz normaler Mensch" behandelt werden.

Die wahre Absicht hinter der Tat

Bankdirektor Listig

Das nebenstehende Bild zeigt Bankdirektor Listig von der Sparkasse Musterhausen bei der Übergabe eines Schecks für einen sozialen Zweck – den Neubau des Kindergarten. Für Listig ist das Alltagsgeschäft, „business as usual", wie er sagt. „Das ist wieder einmal prima Werbung für unsere Bank und vor allem auch für mich. Da sehen die Leute wenigstens, wie sehr ich mich für soziale Dinge einsetze. Zum Glück muss ich selber nichts dafür zahlen, das zahlt ja alles die Bank. Na ja, der Betrag ist zwar nicht besonders hoch, aber dafür haben wir den Scheck vergrößert, damit ihn auch jeder sehen kann. Und so genau schauen die Leute in der Zeitung sowieso nicht hin."

1 Ist eine so genannte gute Tat immer sittlich gut?
2 Was ist die wahre Absicht hinter Listigs Tat? Wie ist diese ethisch zu beurteilen?
3 „Tue Gutes und rede darüber!" Erkläre die Bedeutung dieses weitverbreiteten Ausspruchs. Wie ist er unter ethischen Gesichtspunkten zu bewerten?

Helfen in Grenzsituationen* – wo hört die Hilfe auf?

Diskutiere die folgenden Fallbeispiele in einer kleinen Gruppe und anschließend mit der gesamten Ethikklasse. Was haben alle diese Fälle gemeinsam?

> **Fall 1:** Ein Mann liegt bewusstlos am Bahnhof und blutet aus der Nase. Er atmet nicht mehr. Du hast im Erste-Hilfe-Kurs gelernt, wie man jemanden von Mund zu Nase beatmet. Du hast keine Beatmungsmaske bei dir und fürchtest, dich mit HIV zu infizieren. Wie verhältst du dich ethisch richtig?

> **Fall 2:** Dein Freund kommt zu einem Verkehrsunfall hinzu. Das Unfallopfer, eine junge Frau von etwa 20 Jahren, wurde aus ihrem Auto geschleudert und liegt nun auf dem mittleren Grünstreifen. Sie lebt noch, ist jedoch schwer verletzt. Die Autos auf beiden Spuren rasen wie üblich mit weit über 130 km/h durch die Unfallstelle. Wie verhält sich dein Freund ethisch richtig?

1 Leben in der Gemeinschaft

Fall 3: Dein Vater möchte dir und deinen Geschwistern das Studium finanzieren. Dafür hat er Geld auf die Seite gelegt und gespart. Sein Bruder besitzt eine eigene Firma, die in finanziellen Schwierigkeiten ist. Wie soll sich dein Vater ethisch richtig verhalten?

Wir fassen zusammen

In manchen Grenzsituationen ist der Hilfeleistende selbst in Gefahr, z. B. bei einem Einsatz in einem Krisengebiet. Hier gilt es abzuwägen, ob es ethisch richtig ist, nicht zu helfen, um sich selbst nicht in Gefahr zu bringen oder einen Schaden davonzutragen.

Willst du den Fisch oder die Angel? – Hilfe zur Selbsthilfe

Besser so ...   ... oder so?

1. Beschreibe die beiden Bilder. Welchen Vorteil und welchen Nachteil hat jeweils die Hilfestellung, die der weiße Entwicklungshelfer gibt a) auf dem ersten Bild und b) auf dem zweiten Bild? Diskutiert darüber.
2. Beschreibe die Gefühle und Gedanken, die der Schwarze und der Weiße jeweils auf dem linken und dem rechten Bild haben könnten.
3. Manche Menschen, die einen schweren Schicksalsschlag erlitten haben und deswegen verbittert sind, hört man oft sagen: „Hilf dir selbst, dann hilft dir Gott." Erkläre diesen Satz – was meint er? Ist es ein sehr guter Satz mit positivem Gehalt?

Zusammenfassung: Soforthilfe und nachhaltige Hilfestellung

Wenn wir jemandem helfen, so müssen wir zwischen einer Soforthilfe und einer nachhaltigen Hilfe unterscheiden. Geschenke oder Almosen sind immer nur eine sehr kurzfristig gedachte Hilfestellung. Besser ist es, den Bedürftigen dahingehend anzuleiten, sich selbst zu helfen. Man gibt ihm Hilfe zur Selbsthilfe.

1 Leben in der Gemeinschaft

Vorschläge für Projekte und fächerübergreifendes Lernen:

1 Wir planen ein Hilfsprojekt und führen es durch

In letzter Zeit häufen sich Naturkatastrophen (Taifune, Erdbeben, Überschwemmungen usw.), Umweltkatastrophen (Öltankerunfälle, defekte Kernkraftwerke usw.), Tierseuchen (Vogelgrippe, Maul- und Klauenseuche, Rinderwahn), kriegerische Auseinandersetzungen (z. B. im Irak, in Afghanistan, Terrorismus usw.) sowie Fälle von Krankheit, Hunger und Armut (vgl. Afrika, Südamerika usw.). Beobachtet die Medien (aktuelle Tageszeitungen, Wochenmagazine, Fernsehnachrichten und -sendungen sowie Internet und Newsgroups) und sucht nach Menschen bzw. Personengruppen, die hilfsbedürftig sind. Versucht ein Spendenprojekt zu organisieren, um diesen Menschen konkret zu helfen.

2 Wir planen eine Ausstellung oder Informationsveranstaltung

Gestaltet eine Pinn- oder Stellwand, indem ihr eine Collage aus Zeitungsartikeln, Internetausdrucken, Bildern, Berichten usw. erstellt, die die Hilfsbedürftigkeit von einzelnen Menschen oder größeren Gruppen verdeutlichen. Versucht im Rahmen einer Projektpräsentation eine Informationsveranstaltung für eure Schulgemeinschaft und auch für Erwachsene (Eltern und Verwandte) daraus zu entwickeln.

3 Wir besuchen eine soziale Einrichtung

Besucht nach vorheriger Kontaktaufnahme eine soziale Einrichtung in eurer Stadt (Krankenhaus, Altenheim, Behindertenwerkstätte, Förderschule usw.) und klärt vor Ort, wie ihr helfen könnt.

4 Wir gründen einen Arbeitskreis

Dieses Projekt ist eng mit dem vorhergehenden verbunden. Gründet einen Arbeitskreis (AK) an eurer Schule (z. B. AK Altenheim, AK Kinderheim oder AK Behindertenwerkstätte), der es sich zum Ziel macht, dass eine Gruppe von drei oder vier Schülern regelmäßig, beispielsweise alle 14 Tage, zu einer sozialen Einrichtung geht und sich dort nützlich macht, mit den bedürftigen Menschen spricht, mit ihnen spielt, mit ihnen spazieren geht usw. Schreibt gegen Ende des Schuljahres einen Beitrag für den Jahresbericht eurer Schule, um euer Projekt zu dokumentieren.

5 Verschiedene Hilfsmittel und Hilfestellungen

Aufgrund körperlicher oder seelischer Krankheiten sowie durch Schicksalsschläge kann ein Mensch schnell hilfsbedürftig werden. Macht euch Gedanken, welche Arten von Hilfestellungen es gibt und ergänzt die folgende Tabelle in Gruppenarbeit. Verwendet dabei aktuelle Medien.

1 Leben in der Gemeinschaft

Situation	technische/medizinische Hilfsmittel	finanzielle Hilfestellung	zwischenmenschliche Hilfe
Gehbehinderung	Rollator (Gehhilfe) Treppenlift	Hartz IV/ Sozialhilfe Umschulungsmaßnahmen vom Arbeitsamt	Zeit für ein Gespräch nehmen Besorgungen für den Menschen erledigen
Blindheit	Blindenhund Hörbücher für Blinde	Caritas ...	...
Hörprobleme ...	Hörgeräte		

Die ausgefüllte Tabelle lässt sich als Grundlage für die Gestaltung einer Pinn- oder Stellwand verwenden, wie bereits in Projekt Nr. 2 beschrieben.

6 Bewusste Hilfestellung im Alltag

Hilfsbedürftigen Menschen muss nicht immer von einer großen Behörde oder sozialen Einrichtung geholfen werden. Hilfsbereitschaft beginnt bereits im Kleinen, auf der Ebene der Familie oder im Nachbar- oder Bekanntenkreis. Man kann einen älteren Menschen z. B. spazieren führen oder dessen Haustier ausführen. Oft hilft es, wenn man für einen gehbehinderten Menschen einkaufen geht oder wenn man einem kranken Mitschüler die Hausaufgaben vorbeibringt. Versucht in dieser Woche ein- oder zweimal solch eine gute Tat zu vollbringen und notiert diese in euer Ethikheft. Schreibt auf, wie es euch dabei ging, was ihr empfunden habt. Versucht euch auch in die Rolle des Menschen zu versetzen, dem ihr geholfen habt. Wie mag er oder sie sich gefühlt haben? Notiert auch, ob und wie sich der betreffende Mensch bei euch bedankt hat.

7 Sinnliche Wahrnehmungsübung

Für diese Erfahrungsübung braucht ihr eine Augenbinde und Ohrenstöpsel (aus Wachs oder Industriegehörschutz aus gelbem Schaumstoff), um die Sinneswahrnehmung eines Blinden und Gehörlosen annäherungsweise zu erfahren.

Übung 1 — *So könnte sich ein Gehörloser fühlen: Bildet kleine Gruppen von drei bis fünf Schülern. Zwei Schüler schlüpfen in die Rolle des Gehörlosen, bekommen also die Ohrenstöpsel. Die anderen in der Gruppe unterhalten sich, sprechen sehr leise. Die „Gehörlosen" versuchen zu verstehen, worum es in der Unterhaltung geht. Untereinander versuchen die „Gehörlosen", sich mit einer Zeichensprache zu verständigen.*

Übung 2 — *So könnte sich ein Blinder fühlen: Einem Schüler werden mit der Augenbinde die Augen verbunden — er kann jetzt nichts mehr sehen. Ein zweiter Schüler führt ihn im Raum oder noch besser im Schulgarten oder Pausenhof herum und erklärt ihm seine Umwelt. Mit diesem Spiel erfährt man auch, was der Begriff „Verantwortung" für einen Menschen bedeutet: Der Betreuer muss aufpassen, dass sich der „Blinde" nicht verletzt.*

1 Leben in der Gemeinschaft

Übung 3 — So könnte sich ein blinder Gehörloser fühlen: Diese Übung verbindet Übung 1 und 2 und simuliert eine Doppelbehinderung, wie sie in Wirklichkeit nicht selten vorkommt. Nehmt euch am Ende der Übungen immer Zeit, um darüber zu sprechen, wie man sich als „Blinder" oder „Gehörloser" gefühlt hat. Sprecht in der Gruppe darüber. Die Erfahrungen, die ihr in diesen Übungen gemacht habt, könnt ihr auch mit behinderten Menschen diskutieren (vgl. Projekte Nr. 3 und 4).

8 Das Sorgentelefon

Oft kann man als Jugendlicher ganz schön in der Klemme stecken.

a) Informiert euch an eurer Schule, welche Beratungsmöglichkeiten dort existieren (z. B. ein Schulpsychologe usw.). Sprecht mit den betreffenden Personen und stellt deren Arbeit im Rahmen einer Projektpräsentation im Ethikunterricht vor. Sammelt eure Ergebnisse und erstellt für eure Schule ein „Beratungsfaltblatt".

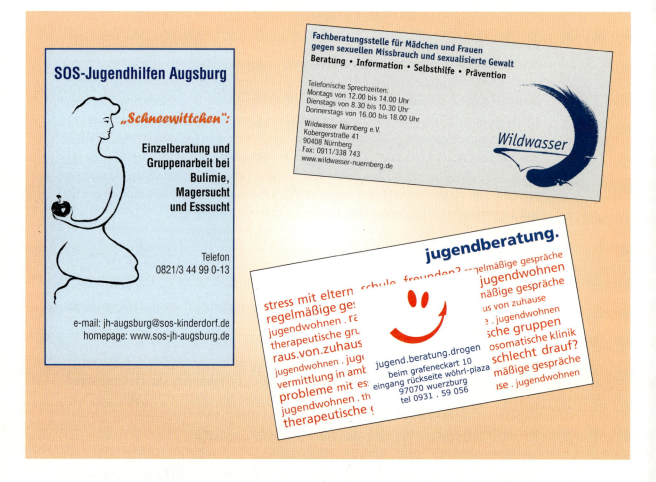

b) Sucht im Internet, Telefonbuch usw. außerschulische Beratungsstellen. Kontaktiert diese Stellen und vereinbart nach Rücksprache mit eurer Ethiklehrkraft und der Schulleitung einen Informationsbesuch bei einer dafür zuständigen Person. Überlegt euch vor diesem Besuch Fragen, die ihr den jeweiligen Experten stellen wollt und notiert sie auf einem Blatt.

2 Konflikte im Alltag

Warum nicht gleich so?

Wahrnehmung von Konflikten

Konfliktursachen

Christian gibt immer wieder ungefragt laute Kommentare zum Unterricht und zum Verhalten der Mitschüler.
Jenny und Katharina verweigern die Mitarbeit in einer Arbeitsgruppe und ziehen sich beleidigt zurück.
Thomas quatscht ständig Mitschüler an und versucht, sie vom Unterricht abzulenken.
Marion findet Elke zu dick. Sie macht immer wieder gemeine Bemerkungen zu deren Figur.
Erkan spielt den Klassenclown.
Philipp gibt immer wieder altkluge Kommentare. Die Mitschüler nennen ihn „Schleimer".
Uwe fühlt sich schnell provoziert und rempelt gleich jeden an.
Irene redet immer wieder hinter dem Rücken von Mitschülern über sie und behauptet dabei unwahre Sachen.

1 Wähle mit einem Partner fünf Situationen aus und überlegt, warum sich die Schüler so verhalten. Notiert eure Vermutungen, z. B. „Erkan spielt den Klassenclown: Er möchte unbedingt auffallen".
  a) Warum möchte er unbedingt auffallen? Sucht nach möglichen Ursachen.
  b) Versucht ebenso, die Ursachen für das Verhalten der anderen „Störer" zu finden.

2 Was denken bzw. fühlen die anderen Mitschüler?

Richy und Schocker

[...] Richy meint es ernst. Wenn es darum geht, Schocker eins auszuwischen, meint er es immer ernst. Richy mag Schocker nicht, hat ihn ohne darüber nachzudenken nie gemocht. [...] Zwei Jahre älter als Richy, einen Kopf größer, mit gesunden Füßen und Händen, ordentlichen Schultern und, wie man beim Fußball sieht, auch mit schneller Reaktion, schlägt Schocker niemals zu. Richy hat alle gefragt. Keiner hat bisher gesehen oder erlebt, dass Schocker sich prügelt. Scheinheilig grinst er in die Gegend, so als könnte ihn niemand aus der Reserve locken, als wäre ihm alles egal, was man zu ihm sagt. Das reizt Richy, weil das seiner Ansicht nach nicht möglich ist. Jeder Mensch fährt aus der Haut, wenn man ihn richtig ärgert. Schocker besucht bis auf kleine Ausnahmen regelmäßig die Schule. [...]

3 Richy und Schocker – zwei ganz unterschiedliche Jugendliche. Begründe ausführlich.

4 „Jeder Mensch fährt aus der Haut, wenn man ihn richtig ärgert." Du auch?

1 [...] Als Letzter betritt Schocker den Schulhof. Geradewegs marschiert er auf Richy zu. Schockers Arme bleiben bewegungslos. Seine regelmäßigen Schritte knallen über den Kies, dass es auffällt.

„He", rufen sich ein paar Schüler zu, „hier läuft gleich 'ne Show!"

Sie haben recht. Wortlos schlägt Schocker zu, stumm, schnell und in der Art für ihn ungewöhnlich. Unversehens fliegt Richys Kopf seitlich. Die Locken rutschen aus der Stirn. Das bringt die Umstehenden zum Lachen und Richy in Wut. Noch nie hatte es Schocker bisher gewagt, ihn anzugreifen. Die Verblüffung darüber nimmt ihm zumindest beim ersten Schlag sein Reaktionsvermögen. Darauf hat Schocker gesetzt. Der zweite Hieb landet gezielt auf Richys Ohr.

„Bravo", ruft einer von den Kleinen und ist darüber selbst erschrocken.

5 Als Richy der Lieblingslehrerin von Schocker einen bösen Streich spielte und ihm – Schocker – auch noch die Schuld in die Schuhe schob, war Schockers Geduld am Ende.
Was geht in Richy vor? Wie werden die beiden in Zukunft miteinander umgehen?

6 „‚Bravo', ruft einer der Kleinen und ist darüber selbst erschrocken."
a) Was ist mit dem „Bravo" gemeint?
b) Der Kleine erschrickt über sich selbst. Warum?

Israelis und Palästinenser

Der Staat Israel fühlt sich seit seiner Gründung 1948 von den arabischen Nachbarn und den Palästinensern bedroht. Die Gegner führten mehrere Kriege, die jedoch keinen Frieden brachten. Ende des Jahres 2003 beschlossen israelische Politiker, die palästinensischen Gebiete durch eine Mauer von den jüdischen Siedlungsgebieten abzutrennen, um die Konflikte in den Griff zu bekommen. Für viele Palästinenser ist es nicht mehr möglich oder sehr schwer, zur Arbeit nach Israel zu fahren. Einige jüdische Siedler mussten dafür auf Land verzichten.

7 Können Mauern Frieden bringen?

8 Informiert euch über den Konflikt zwischen Israelis und Palästinensern in Zeitungen oder im Internet. Versucht herauszufinden, was in den Menschen, die dort leben, vorgeht.

Mögliche Internetadressen:
www.wikipedia.de
www.bpb.de

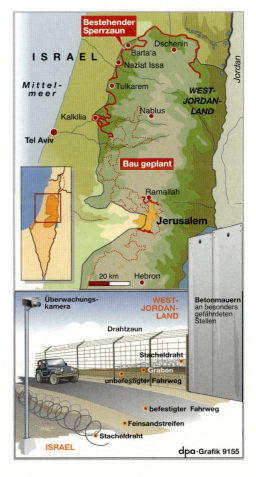

Viermal Streit

1 Anja besucht in diesem Schuljahr mit großer Begeisterung die AG Schulspiel. Die Gruppe plant für das Frühlingsfest eine große Aufführung. Noch ist nicht entschieden, wer die
5 Hauptrolle spielt, aber Anja ist überzeugt, dass sie es sein wird. Im November entscheidet die Lehrerin: „Nicole spielt die Hauptrolle in unserem Stück." Anja ist wütend und so enttäuscht, dass sie beschließt, nie mehr zum Schulspiel zu
10 gehen.

Daniela und Sibel sind dicke Freundinnen. Sie treffen sich regelmäßig am Freitagnachmittag im Jugendzentrum. Daniela weiß genau, dass Sibel für Serkan schwärmt, und trotzdem bag-
15 gert sie ihn seit Wochen an. Beide Mädchen haben deswegen schon öfter gestritten, doch es ändert sich nichts. Sibel ist ziemlich sauer auf ihre Freundin und geht neuerdings freitags nicht mehr ins Jugendzentrum.

Peter ist Schüler der 7. Klasse. Es vergeht kaum ein Tag, an dem er vor 8.01 Uhr das Klassenzimmer betritt. Herr Schuhmann, der Lehrer, stellt ihn verärgert zur Rede, doch Peter meint nur: „Was regen Sie sich denn auf, Sie fangen ja eh erst gerade an. Da reicht es doch noch, wenn ich jetzt komme. Außerdem kommen andere auch ständig zu spät."

Philipp hat sich gestern von Nadine den Arbeitslehre-Ordner geliehen, um einige Einträge nachzuschreiben. Als er ihn heute zurückgibt, gesteht er ihr, dass er aus Versehen Cola über die letzten beiden Einträge verschüttet hat.

1 *Viermal Streit: Beschreibt die Konfliktsituationen. Wer hat mit wem weswegen Streit?*

2 *Wie reagieren die Personen in den einzelnen Streitsituationen?*

3 *Welche Konflikte hattet ihr in letzter Zeit?*
   a) *Berichtet.*
   b) *Wie seid ihr mit diesen Konflikten umgegangen? Notiert eure Einstellungen in einer Tabelle und diskutiert darüber.*

aus dem Weg gehen	provozieren	klären
III	I	IIII

Wie du mir, so ich dir!

1 Schau dir die Bilder genau an.
   a) Schreibe dazu eine passende Geschichte.
   b) Lest euch die Geschichten gegenseitig vor.

2 Versuche mit deinem Partner herauszufinden, was mit diesen vier Bildern gemeint ist. Schreibt ein bis zwei Sätze.

3 Warst du auch schon an so einer Kettenreaktion beteiligt oder hast du solche Situationen beobachtet?

4 Daniela und Sibel haben Streit wegen Serkan. Könnt ihr euch vorstellen, dass sich der Streit dieser beiden Freundinnen auf andere Jugendliche ausweitet? Wie läuft dies ab?

2 Konflikte im Alltag

Verletzte Gefühle

Suse: Hey du, hast du dir jetzt schon Windeln gekauft?
Marc: Spinnst du, Suse, was redest du da eigentlich?
Suse: Was? Hast du vielleicht nicht mitbekommen, was heute Nacht im Bubenzimmer passiert ist? Unser kleiner Thommy hat ins Bett gepinkelt. Und das weit weg von zu Hause, im Schullandheim.
Marc: Super Story, das erzählen wir doch gleich noch den anderen. Die sollen auch ihren Spaß haben.

Fünf Minuten später im Frühstücksraum:
Thommy steht gerade bei der Essensausgabe, als Marc durch den Raum ruft:
„He Leute, wisst ihr schon das Neueste? Unser Thommylein nässt nachts noch ein!"

Thommy bleibt wie erstarrt stehen …

1 Was ist hier los?

2 Suse und Marc sind zwei 13-jährige Schüler. Beschreibt sie in Partnerarbeit mit treffenden Adjektiven.

3 Wie stellt ihr euch die beiden Jugendlichen vor? Versucht, sie zu zeichnen.

4 Thommy ist ein 13-jähriger Schüler. Beschreibt ihn mit passenden Adjektiven.

5 „Thommy bleibt wie erstarrt stehen …"
   a) Wie fühlt er sich? Besprich dich mit deinem Nachbarn.
   b) Welche Gedanken schießen ihm durch den Kopf?

6 Wenn du Thommy zeichnen müsstest, wie würdest du ihn darstellen? Beschreibt die Unterschiede zu den beiden anderen.

7 Erzählt die Geschichte weiter. Welche Reaktionen sind vorstellbar?

8 Du bekommst von deinem Lehrer den Auftrag, die Geschichte in einem Rollenspiel darzustellen. Welche Rolle übernimmst du? Begründe.

9 Thommy wurde von Marc und Suse bloßgestellt. Hast du ähnliche Situationen in eurer Klasse schon erlebt? Tauscht eure Erfahrungen aus.

10 Jeder von uns kann in die Lage kommen, „Opfer" zu sein. Was würdest du dir in einer solchen Situation wünschen?

Sie fühlte sich von Teenagern „angemacht"

Günzburg. (rjk). Eine sinnlose Schlägerei beim Hobbyturnier in Kleinkötz rief am vergangenen Samstag die Günzburger Polizei auf den Plan. Eine junge Frau hatte „Verstärkung" angefordert, weil sie sich von zwei Mädchen „blöd angemacht" fühlte. Zu siebt gingen die Freunde der Frau im Alter von 23–29 Jahren auf die beiden 18 und 19 Jahre alten Begleiter der Teenager los. Die Männer schlugen auf die beiden Freunde der jungen Mädchen ein und verletzten einen davon schwer. Während der 19-Jährige mit Rötungen im Gesicht davonkam, musste der 18-Jährige im Günzburger Krankenhaus an der Schläfe genäht werden.

1 Aus welchem Grund ist die Schlägerei entstanden?

2 Im Polizeireport steht: „Eine sinnlose Schlägerei". Stimmst du zu? Begründe.

„Florian, kannst du uns an der Wandkarte zeigen, wo Augsburg liegt? Florian steht unsicher auf, geht zur Karte und sucht. Er merkt, dass der Lehrer bereits ungeduldig wird und schaut sich Hilfe suchend zu seiner Klasse um. Vielleicht könnte er ja von dort einen Tipp bekommen. Doch stattdessen: Die ganze Klasse bricht in schallendes Gelächter aus ...

3 Zeichne eine Gedankenblase und schreibe auf, wie es Florian in diesem Augenblick geht.

4 Nenne Gründe, warum die Klasse ihn in diesem Moment auslacht.

5 Spielt die Situation an der Karte nach und baut die Rolle des Lehrers in euer Rollenspiel mit ein. Wie könnte er dabei reagieren?

6 Kennst du auch solche Situationen? Erzähle es deinem Banknachbarn.

2 Konflikte im Alltag

Möglichkeiten der Konfliktbewältigung

Was sind eigentlich Konflikte?

1 Auf den vorherigen Seiten habt ihr verschiedene Konfliktsituationen kennengelernt. Ergänzt das Cluster auf einem Blatt.

Konflikt:
der; 1. eine schwierige Situation, die dadurch entsteht, dass zwei oder mehrere Personen/Gruppen verschiedene Wünsche, Forderungen o. Ä. haben. [...] 2. eine schwierige Situation, in der sich jemand zwischen verschiedenen Alternativen nicht entscheiden kann. = Zwiespalt <ein innerer, seelischer Konflikt>

2 Lies zunächst die Worterklärung aus dem Lexikon. Sprecht jetzt in der Gruppe über die hier beschriebenen Konfliktarten. Findet dazu Beispiele.

Grundsätzlich verstehen sich Katrin und ihre Mutter gut, nur in einem Punkt nicht: Die Mutter ist nicht damit einverstanden, dass Katrin mit Julia befreundet ist. Sie ist überzeugt, dass Julia keinen guten Einfluss auf ihre Tochter hat.
Am Mittwoch fällt die sechste Stunde aus. Katrin und Julia verabreden sich, um bei Julia zu Hause die neue CD ihres Lieblingsstars anzuhören. Eigentlich hat Katrin ihrer Mutter versprochen, immer direkt nach dem Unterricht nach Hause zu kommen. In diesem Fall tut sie es nicht ...

3 Steckt Katrin in einem Konflikt? Begründe.

4 Hinter der Zeichnung versteckt sich eine Redensart. Überlegt.

5 Was hat diese Redensart mit Katrins Geschichte zu tun?

6 Entscheide dich:
Hat Katrin in dieser Situation richtig oder falsch gehandelt? Alle „Richtig-Sager" stellen sich auf die Fensterseite, alle „Falsch-Sager" auf die Türseite. Begründe dann deinen „Standpunkt".

2 Konflikte im Alltag

Es ist Donnerstag und Katrin sitzt allein in der Eisdiele. Ungeduldig und suchend schaut sie sich im Raum um. Aber es hilft nichts: Ihre Freundin Songül ist nirgends zu entdecken. Sie waren um 15 Uhr verabredet, und jetzt ist es bereits halb vier. Katrin ist enttäuscht und geht nach Hause.
Am Freitag in der Schule stellt Katrin Songül zur Rede: „Was sollte das gestern, ich habe über eine halbe Stunde auf dich im „Cortina" gewartet? Wir waren verabredet und ich hatte mich darauf gefreut."
Songül: „Eigentlich wollte ich schon kommen, aber ich konnte meinen Vater einfach nicht anlügen, und wenn ich gefragt hätte, hätte er mich sicher nicht gehen lassen."

1 Eine konfliktreiche Situation. Was ist passiert?

2 Wie wird Katrin reagieren? Schreibt das Gespräch weiter.

3 Songül scheint auf den ersten Blick sehr ehrlich zu sein. Denke darüber nach und besprich dich mit deinem Nachbarn.

4 Zwei Geschichten mit Katrin. Sie spielt jeweils eine Hauptrolle – aber welche?

5 Vertrauen ist, wenn … Ergänze den Satz.

6 Überdenke noch einmal deine Meinung zu Songül (Arbeitsauftrag 3). Bleibst du dabei?

7 Katrin ist einmal „Täterin" und einmal „Opfer". Es gibt häufig ähnliche Situationen, in denen man eine dieser Rollen einnimmt. Berichte über eigene Erfahrungen.

„Was du nicht willst, dass man dir tu, das füg auch keinem andern zu."

8 Dieses Sprichwort passt zu den beiden Geschichten mit Katrin. Warum?

9 „Handle so, dass der Grundsatz deines Willens jederzeit zugleich als Prinzip einer allgemeinen Gesetzgebung gelten könnte."

   a) Setzt euch in Gruppen zusammen und versucht, den Satz von Immanuel Kant mit eigenen Worten zu erklären.
   b) Überlege, was dieser Satz für dich und dein Handeln im Alltag bedeutet. Denke dabei an Schule, Familie, Freunde.

10 Was verstehst du unter einer „Notlüge"?

Immanuel Kant, geb. 22.4.1724, gest. 12.2.1804 in Königsberg, deutscher Philosoph, Professor für Logik und Metaphysik

Umgang mit Konflikten

1 *Du bist sauer. Dir passt was nicht. Wie reagierst du? Lies folgende Situation und überlege, was du wohl tun würdest, wenn dir so etwas passieren würde.*
Du kannst dir eine Reaktion aus der Liste auswählen oder auch mehrere Reaktionen kombinieren. Du kannst aber auch eine eigene Idee auf einem Blatt aufschreiben.

Situation: Du hast einem Mitschüler oder einer Mitschülerin deinen MP3-Player geliehen und ihn beschädigt zurückbekommen.
Wie würdest du reagieren?

A	Du bedankst dich und tust, als ob nichts passiert wäre.
B	Du erzählst einem Freund oder einer Freundin, was passiert ist und wie sauer du bist.
C	Du sprichst mit dem Mitschüler/der Mitschülerin und versuchst, eine Lösung zu finden.
D	Du denkst: „Lass mal gut sein. Ich will keinen Streit."
E	Du beschimpfst und/oder schlägst den Mitschüler oder die Mitschülerin.
F	Du drohst dem Schüler oder der Schülerin, bis er/sie dir Geld für einen neuen MP3-Player gibt.
G	Du willst in Zukunft nichts mehr mit dem Schüler oder der Schülerin zu tun haben.
H	Du möchtest deine Wut am liebsten an anderen abreagieren.
I	Du rennst in den Wald oder schlägst auf dein Kopfkissen, um deine Wut abzureagieren.
K	Du sagst dem Schüler/der Schülerin deutlich, warum du sauer bist.
L	Du wirst grundsätzlich nichts mehr ausleihen – an niemanden.
M	Du beschwerst dich bei deinem Lehrer oder bei deinen Eltern.
N	Du erzählst allen in der Klasse, wie mies sich der Mitschüler bzw. die Mitschülerin verhalten hat.
O	Bei nächster Gelegenheit übst du Rache und machst dem Schüler/der Schülerin etwas kaputt.

   a) *Ich würde so reagieren ...*
   b) *Spiel die Situation so, wie du sie gerade beschrieben hast, mit einem Mitschüler.*

2 *Jeder von euch hat nun in einem Rollenspiel seine Möglichkeit der Konfliktlösung dargestellt.*
   a) *Wie fühlst du dich bzw. dein Spielpartner in dieser Situation?*
   b) *Wie zufrieden bist du im Moment? Wie wird es dir wohl auf Dauer mit dieser Reaktion gehen?*
   c) *Welche andere Lösung des Konflikts könntest du dir jetzt auch noch vorstellen? Begründe.*

Auch streiten will gelernt sein!

Ein Spiel: Wir streiten uns ...
Eure Klasse hat einen Pausenverkaufsstand organisiert. Ihr verkauft Kuchen und Getränke.
Schüler A: Du bist der Verkäufer und hast sehr viel zu tun.
Schüler B: Du willst etwas essen, bist ungeduldig und nimmst dir einfach etwas, ohne zu bezahlen.

... und so geht das Spiel:
Die Klasse stellt sich in zwei Reihen gegenüber auf. Die Jugendlichen, die einander direkt gegenüberstehen, arbeiten zusammen. Wenn jemand keinen Partner hat, ist er Beobachter. Die zwei Partner werden sich miteinander streiten, und zwar über das oben stehende Problem. Alle Schüler einer Reihe spielen gleichzeitig die gleiche Rolle, aber jeder nur mit seinem Partner.
Wichtig ist, dass ihr auf euren Plätzen bleibt und nicht durch den Raum geht; auch dürft ihr euch nicht wehtun, sondern ihr streitet vor allem mit Worten.

Nach ca. zwei Minuten tauscht ihr die Rollen.

1 *Wie ging es euch, als ihr die verschiedenen Rollen gespielt habt?*

2 *Welche Rolle war euch vertrauter?*

3 *In welcher Rolle habt ihr euch stärker gefühlt?*

Eure Klassenlehrerin kommt in die Klasse und verteilt die Deutschaufgabe, die ziemlich schlecht ausgefallen ist.
Schüler A: Du beschwerst dich laut, weil du eine Fünf bekommen hast, und fängst an, die Lehrerin zu beschimpfen.
Schüler B: Du bist die Lehrerin, die sich sowieso über die schlechten Arbeiten ärgert und jetzt ganz besonders über diesen frechen Schüler.

4 *Spielt auch diese Situation mit wechselnden Rollen durch und wertet sie aus.*

5 *Notiere auf einer Wortkarte, was du für dich persönlich aus diesem Kapitel mitnimmst. Sammelt eure Aussagen und besprecht sie im Sitzkreis.*

6 *Einigt euch auf Spielregeln für einen fairen Umgang miteinander, die jedes Mitglied der Klasse unterschreibt.*

Tipp:
Gestaltet eine Wandzeitung zum Thema Konfliktbewältigung.

Wer nicht wagt, der nicht gewinnt

Nelson Mandela wurde am 18.7.1918 in Qunu (Südafrika) als Sohn eines Häuptlings-Beraters der Thembu geboren. Er war das erste Familienmitglied, das eine höhere Schule besuchen konnte, und lernte die westlichen Kulturen kennen. Er war Mitglied der Studentenbewegung und setzte sich schon früh für die Gleichberechtigung von Schwarzen und Weißen ein. In dieser Zeit gab es noch Rassentrennung (Apartheid*), und es war unmöglich, dass sich Schwarz und Weiß an einen Tisch zusammensetzen konnten und Entscheidungen ohne Rücksicht auf die Hautfarbe getroffen wurden.

Mandela arbeitete in verschiedenen Berufen, holte seinen College-Abschluss im Fernstudium nach und studierte Jura. Er trat dem ANC (= Afrikanischer Nationalkongress) bei und setzte sich weiterhin unermüdlich und diszipliniert für gleiche Rechte von Schwarzen und Weißen ein. Er kam mehrmals ins Gefängnis. Wenn er sich verpflichtet hätte, seine Aktivitäten als Bürgerrechtler einzuschränken, hätte man ihn früher aus dem Gefängnis entlassen, aber er gab nicht nach. Nach seiner Entlassung war er Präsident des ANC und wurde zum ersten schwarzen Präsidenten der Republik von Südafrika (1994–1999) gewählt. 1993 erhielt er den Friedensnobelpreis für die Einleitung des Versöhnungsprozesses zwischen Schwarzen und Weißen.

Agnes Gonxha Bojaxhiu wurde am 27.8.1910 in Skopje (Mazedonien) als Kind einer albanischen Bauernfamilie geboren und starb am 5.6.1997 in Kalkutta (Indien). Schon als junges Mädchen setzte sie durch, dass sie sich einem irischen katholischen Orden anschließen konnte. Mit 18 Jahren wurde sie von ihrem Orden an eine Mädchenschule nach Kalkutta versetzt. Dort arbeitete sie 20 Jahre als Lehrerin und später als Schulleiterin. Mit 26 Jahren entschloss sie sich endgültig, ihr Leben als Nonne zu verbringen, und nannte sich Teresa. Die unglaubliche Armut in den Slums von Kalkutta brachte sie 1946 zu dem Entschluss, ihrer Schule und ihrem bisherigen Leben den Rücken zu kehren und nur noch den Armen zu dienen.

1 Nelson Mandela und Mutter Teresa haben sich in ihrem Leben immer wieder Konflikten gestellt. Finde Beispiele und erkläre.

2 Beide Personen haben auf ihrem Lebensweg persönliche Nachteile in Kauf genommen, wenn sie sich für ihre Überzeugungen eingesetzt haben. Könntet ihr euch vorstellen, auch einmal so viel Mut, Ausdauer und Einsatzbereitschaft zu zeigen? Diskutiert in der Gruppe.

3 Mutter Teresa hat einmal in einem Text geschrieben:
„Die Leute sind unvernünftig, unlogisch und selbstbezogen, ... ich liebe sie trotzdem."
  a) Finde Situationen aus dem Alltag, in denen Menschen unvernünftig und selbstbezogen handeln. Ist dies ein Problem für dich? Begründe.
  b) Wann bist du unvernünftig, unlogisch und selbstbezogen?

Schutz für die Flusslandschaft „Hainburger Au" an der Donau

Aulandschaft in Österreich

Ende des Jahres 1983 hatte der WWF (World Wide Fund For Nature) in Österreich seine Aktion „Rettet die Auen" gestartet, um die Öffentlichkeit auf die drohende Zerstörung der Donauauen durch ein Wasserkraftwerk aufmerksam zu machen. Es war fest geplant, in die unberührte Natur an der Donau ein großes Kraftwerk zu bauen. Nachdem die staatlichen Stellen das Werk genehmigt hatten, wurde Anfang Dezember 1984 mit den ersten Bauarbeiten begonnen. Eine Woche später organisierten österreichische Studenten einen Sternmarsch, an dem ca. 8 000 Personen beteiligt waren. Mehrere Hundert Menschen blieben in den Auenwäldern und erzwangen so die Einstellung der Rodungsarbeiten.
Einige Tage später kam es zu einem gewaltigen Polizeieinsatz, mit dem die „Aubesetzer" zum Aufgeben gezwungen werden sollten. Noch am selben Nachmittag demonstrierten in Wien ungefähr 40 000 Menschen gegen die Regierung und gegen den Kraftwerksbau. Am 21. Dezember verkündete die österreichische Bundesregierung einen Rodungsstopp. Tausende Menschen verbrachten die Weihnachtsfeiertage im Hainburger Auwald, um weiter auf das Problem aufmerksam zu machen und neue Baumaßnahmen zu verhindern. Im Frühjahr 1985 wurde durch ein Volksbegehren das Verbot von Großkraftwerken durchgesetzt und seit Sommer 1986 gehört die Hainburger Au zum Nationalpark Donau-Auen.

1 Beschreibt in wenigen Sätzen den Inhalt des Artikels.

2 Die Menschen im Artikel waren sehr mutig. Erkläre!

3 Du bist Aubesetzer/Mitglied der Regierung und möchtest den jeweils anderen mit deinen Argumenten überzeugen. Besprecht euch in der Gruppe, überlegt euch schlagkräftige Argumente. Spielt nun die Szene an einem großen Verhandlungstisch.

4 Schreibe eine Geschichte über dich, in einer Situation, in der du einen Konflikt gewagt hast bzw. dich einem Konflikt gestellt hast.
Beginne so: Als ich einmal ...

5 Tragt eure Geschichten der Klasse vor und diskutiert darüber.

2 Konflikte im Alltag

Gelungen oder nicht gelungen?

Die Schüler Achmet und Bernd waren beim Tischtennisspiel aneinandergeraten: Sie beschimpften sich und schlugen mit ihren Schlägern aufeinander ein. Dabei ging der Tischtennisschläger von Achmed zu Bruch. Nun hat er Angst, es seinen Eltern zu sagen, weil der Schläger sehr teuer war. Bernd hat einen blauen Fleck in der Nähe seines Auges.

1 *Die Klassenleiter der beiden Schüler schlagen vor:*

Abkommen 1: A und B vertragen sich.

Abkommen 2: B zahlt die Hälfte des Tischtennisschlägers.

Abkommen 3: A und B drücken ihr Bedauern für den Schaden des anderen aus. B bietet A seinen alten Schläger vorübergehend an. Er hilft A, seinen Eltern den Vorfall zu erklären.

Abkommen 4: Beide Schüler sprechen gemeinsam mit beiden Eltern.

a) *Beurteile und bewerte diese vier Möglichkeiten, den Konflikt zu lösen.*
b) *Für welche würdest du dich als A bzw. als B entscheiden?*
c) *Für welche würdest du dich als Streitschlichter* einsetzen?*

Sich nicht alles gefallen lassen

1 Wir wohnten im dritten Stock mitten in der Stadt und haben uns nie etwas zuschulden kommen lassen, auch mit Dörfelts von gegenüber verband uns eine jahrelange Freundschaft, bis
5 die Frau sich kurz vor dem Fest unsere Bratpfanne auslieh und nicht zurückbrachte.
Als meine Mutter dreimal vergeblich gemahnt hatte, riss ihr eines Tages die Geduld, und sie sagte auf der Treppe zu Frau Muschg, die im vier-
10 ten Stock wohnt, Frau Dörfelt sei eine Schlampe. Irgendwer muss das den Dörfelts hinterbracht haben, denn am nächsten Tag überfielen Klaus und Achim unseren Jüngsten, den Hans, und prügelten ihn windelweich.
15 Ich stand grad im Hausflur, als Hans ankam und heulte. In diesem Moment trat Frau Dörfelt drüben aus der Haustür, ich lief über die Straße, packte ihre Einkaufstasche und stülpte sie ihr über den Kopf. Sie schrie aufgeregt um Hilfe,
20 als sei sonst was los, dabei drückten sie nur die Glasscherben etwas auf den Kopf, weil sie ein paar Milchflaschen in der Tasche gehabt hatte. Vielleicht wäre die Sache noch gut ausgegangen, aber es war just um die Mittagszeit, und da
25 kam Herr Dörfelt mit dem Wagen angefahren. Ich zog mich sofort zurück, doch Elli, meine Schwester, die mittags zum Essen heimkommt, fiel Herrn Dörfelt in die Hände. Er schlug ihr ins Gesicht und zerriss dabei ihren Rock. Das
30 Geschrei lockte unsere Mutter ans Fenster, und als sie sah, wie Herr Dörfelt mit Elli umging, warf unsre Mutter mit Blumentöpfen nach ihm. Von Stund an herrschte erbitterte Feindschaft zwischen den Familien.
35 Weil wir nun Dörfelts nicht über den Weg trauen, installierte Herbert, mein ältester Bruder, der bei einem Optiker in die Lehre geht, ein Scherenfernrohr am Küchenfenster.
Da konnte unsere Mutter, waren wir andern alle
40 unterwegs, die Dörfelts beobachten.
Augenscheinlich verfügten diese über ein ähnliches Instrument, denn eines Tages schossen sie von drüben mit einem Luftgewehr herüber. Ich erledigte das feindliche Fernrohr dafür mit einer Kleinkaliberbüchse; an diesem Abend 45 ging unser Volkswagen unten im Hof in die Luft.
Unser Vater, der als Oberkellner im hoch renommierten Café Imperial arbeitete, nicht schlecht verdiente und immer für den Ausgleich eintrat, 50 meinte, wir sollten uns jetzt an die Polizei wenden.
Aber unserer Mutter passte das nicht, denn Frau Dörfelt verbreitete in der ganzen Straße, wir, das heißt unsere ganze Familie, seien derart 55 schmutzig, dass wir mindestens zweimal jede Woche badeten und für das hohe Wassergeld, das die Mieter zu gleichen Teilen zahlen müssen, verantwortlich wären.
Wir beschlossen also, den Kampf aus eigener 60 Kraft in aller Härte aufzunehmen, auch konnten wir nicht mehr zurück, verfolgte doch die gesamte Nachbarschaft gebannt den Fortgang des Streits.
Am nächsten Morgen schon wurde die Straße 65 durch ein mörderisches Geschrei geweckt.
Wir lachten uns halb tot, Herr Dörfelt, der früh als Erster das Haus verließ, war in eine tiefe Grube gefallen, die sich vor der Haustür erstreckte.
Er zappelte ganz schön in dem Stacheldraht, 70 den wir gezogen hatten, nur mit dem linken Bein zappelte er nicht, das hielt er fein still, das hatte er sich gebrochen.
Bei alledem konnte der Mann noch von Glück sprechen – denn für den Fall, dass er die Grube 75 bemerkt und umgangen hätte, war der Zünder einer Plastikbombe mit dem Anlasser seines Wagens verbunden. Damit ging kurze Zeit später Klunker-Paul, ein Untermieter von Dörfelts, hoch, der den Arzt holen wollte. 80
Es ist bekannt, dass die Dörfelts leicht etwas übel nehmen. So gegen zehn Uhr begannen sie, unsere Hausfront mit einem Flakgeschütz zu bestreichen. Sie mussten sich erst einschießen,

und die Einschläge befanden sich nicht alle in der Nähe unserer Fenster.

Das konnte uns nur recht sein, denn jetzt fühlten sich auch die anderen Hausbewohner geärgert, und Herr Lehmann, der Hausbesitzer, begann um den Putz zu fürchten. Eine Weile sah er sich die Sache noch an, als aber zwei Granaten in seiner guten Stube krepierten, wurde er nervös und übergab uns den Schlüssel zum Boden.

Wir robbten sofort hinauf und rissen die Tarnung von der Atomkanone. Es lief alles wie am Schnürchen, wir hatten den Einsatz oft genug geübt. Die werden sich jetzt ganz schön wundern, triumphierte unsere Mutter und kniff als Richtkanonier das rechte Auge fachmännisch zusammen.

Als wir das Rohr genau auf Dörfelts Küche eingestellt hatten, sah ich drüben gegenüber im Bodenfenster ein gleiches Rohr blinzeln, das hatte freilich keine Chance mehr. Elli, unsere Schwester, die den Verlust ihres Rockes nicht verschmerzen konnte, hatte zornroten Gesichts das Kommando „Feuer!" erteilt.

Mit einem unvergesslichen Fauchen verließ die Atomgranate das Rohr, zugleich fauchte es auch auf der Gegenseite. Die beiden Geschosse trafen sich genau in der Straßenmitte.

Natürlich sind wir nun alle tot, die Straße ist hin, und wo unsere Stadt früher stand, breitet sich jetzt ein graubrauner Fleck aus.

Aber eins muss man sagen, wir haben das Unsere getan, schließlich kann man sich nicht alles gefallen lassen.

Die Nachbarn tanzen einem sonst auf der Nase herum.

Gerhard Zwerenz

Auf den ersten Blick wirkt die Geschichte sehr amüsant, denn der Verfasser hat stark übertrieben. Aber genau dadurch will er uns zum Nachdenken anregen. Finde anhand der folgenden Fragen heraus, welcher tiefere Sinn hinter der Geschichte steckt:

1 Benenne die Ursache dieses Nachbarschaftsstreits.

2 Welche Stufen der Gewaltanwendung kannst du erkennen? Verwende bei deiner Antwort die Begriffe **verbale Gewalt** *(Gewalt mit Worten)* und **physische Gewalt** *(körperliche Gewalt)*.

3 Wozu führt die Auseinandersetzung schließlich? Wer ist alles davon betroffen?

4 Diskutiert über das Verhalten der anderen Bewohner der Straße.

5 Finde Situationen im Text, in denen eine Lösung möglich wäre, und begründe deine Wahl.

6 Schreibe eine mögliche Konfliktlösung auf und diskutiert in der Klasse über die unterschiedlichen Varianten.

7 Übertrage die Geschichte auf ähnliche Geschehnisse. Denke dabei an Konflikte und ihre Auswirkungen, die du aus dem Geschichtsunterricht oder aus der aktuellen Politik kennst.

Zum Nachdenken: Nichts gesagt

Im Remstal hat die Elsbeth gewohnt. Gleich nebenan vom Bauern Heinrich. Morgens musste sie immer die Milch zum Frühstück holen. Einmal, als die Elsbeth den Milchtopf auf den Tisch gestellt hat, ist gerade die Katze angesprungen gekommen. Die hat den Milchtopf umgestoßen.

In diesem Moment kam die Mutter zur Tür herein und hat gerufen: „Jetzt sei doch nicht immer so ungeschickt, Elsbeth. Schnell, hol einen Lappen und putz es wieder weg."

Die Elsbeth hat nichts gesagt.

Elsbeth hatte noch einen kleinen Bruder. Der hieß Thomas. Eines Tages, zur Mittagszeit, hat sie den Thomas vom Kindergarten abgeholt. Der Thomas ist in alle Pfützen reingetreten und hat nicht auf die Elsbeth hören wollen. Seine Hosenbeine sind ganz dreckig geworden. Als sie heimgekommen sind, stand der Vater schon in der Tür. „Ja kannst du denn nicht besser auf deinen kleinen Bruder aufpassen, Elsbeth?", hat er gesagt.

Die Elsbeth hat nichts gesagt.

Sie ist schon in die Schule gegangen, die Elsbeth, und manchmal hat sie auch am Nachmittag Unterricht gehabt. Handarbeit zum Beispiel. Einmal hat ihr der freche Kurt das ganze Strickzeug verwirrt. Da ist die Lehrerin gekommen und hat gesagt: „Elsbeth, wenn du weiter so schlampig bist, muss ich dir eine Sechs geben."

Die Elsbeth hat nichts gesagt.

Für ihr Alter war die Elsbeth ziemlich klein und schüchtern. So haben die anderen Kinder gedacht, sie könnten sich über sie lustig machen. Auf dem Heimweg haben die große Regine und der freche Emil sie geschubst. „Du hohle Nuss!", haben sie gerufen. Die Elsbeth ist hingefallen und hat ein großes Loch im Strumpf und im Knie gehabt. „Dein Knie heilt von allein, der Strumpf nicht", hat die Mutter gesagt. „Du solltest besser aufpassen, wo du hintrittst."

Die Elsbeth hat nichts gesagt.

Zum nächsten Sonntag hat die Oma von der Elsbeth einen Hefezopf gebacken. Schon am Samstag. Und den hat sie bis zum anderen Tag in die Speisekammer gestellt. In der Speisekammer aber haben die Mäuse den Hefezopf angeknabbert. Das hat ausgesehen, als ob Kinderzähnchen daran genagt hätten. Als die Oma am Sonntag den Kaffeetisch gedeckt hat, da hat sie das bemerkt. Zu ihrer Zeit hätten die Kinder nicht genascht, hat sie gesagt, und das Naschen sei eine ganz große Unart. Und dabei hat sie immerzu die Elsbeth angeschaut, ganz vorwurfsvoll.

Die Elsbeth hat nichts gesagt.

Aber dann, als alle schon dabei waren, den restlichen Hefezopf in sich hineinzustopfen und die Großen Kaffee und die Kleinen Kakao getrunken haben, da hat die Elsbeth ganz plötzlich zu heulen angefangen und konnte gar nicht mehr aufhören, hat geschluchzt und gerotzt und geplärrt wie ein Sturzbach im Frühling.

Da hat der Opa das Elsbethle auf den Schoß genommen, hat ihm die Nase geputzt und nur gesagt: „Jetzt erzähl halt mal."

Da ist alles mit einem Mal aus der Elsbeth herausgesprudelt: das mit der Katze, der Mama, dem Thomas, dem Papa, dem Kurt, dem Strickzeug, der Lehrerin, der bösen Regine, dem Knie und den Strümpfen, den Mäusen, dem Hefezopf und der Oma. Plötzlich haben alle ganz bedeppert geschaut. „Ja, warum hast du denn nichts gesagt?", haben sie gesagt.

1 *Elsbeth hat nichts gesagt. Warum?*

3 Ethik des Islam

Wirklich fremd für uns?

3 Ethik des Islam

Leben der Muslime

Muslime bei uns

1 Beschreibt die Bilder und sprecht darüber.

2 Sammelt alle Informationen über den Islam, die euch einfallen, und gestaltet ein Cluster. Muslimische Schüler können bestimmt einiges ergänzen.

3 Ethik des Islam

Der Islam – eine Weltreligion

Der Islam ist nach dem Christentum (2,1 Milliarden Anhänger) die zweitgrößte Glaubensgemeinschaft (1,3 Milliarden Anhänger) der Welt, die in ca. 185 Ländern vertreten ist. Auf der Karte siehst du, wie stark der Islam in welchen Ländern verbreitet ist.

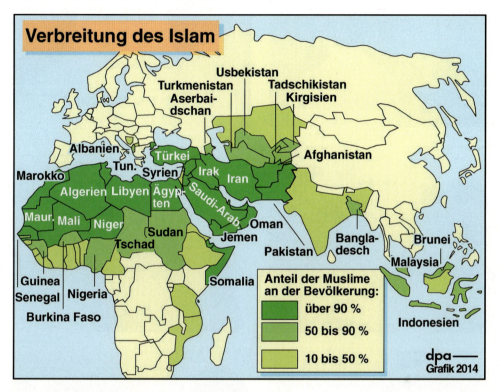

1 Nenne die Staaten, die mehrheitlich von Muslimen bewohnt werden. Welche hattest du erwartet, welche sind für dich eine Überraschung?

Unter den Christen gibt es unterschiedliche Konfessionen* wie Katholiken, Protestanten und viele andere. Auch im Islam gibt es verschiedene Glaubensströmungen. Schon wenige Jahrzehnte nach Mohammeds Tod kam es zur Spaltung der Glaubensgemeinschaft in Sunniten* und Schiiten*. Es geht dabei um die Frage, wer als religiöses Oberhaupt anzusehen ist.

Die Sunniten, denen 90 % aller Muslime angehören, sehen den Kalifen als obersten Führer an, der nicht nur aufgrund seiner geistlichen, sondern auch aufgrund seiner weltlichen Macht gewählt wurde. Mit dem Untergang des Osmanischen Reiches wurde das Kalifat jedoch abgeschafft, sodass es bei den Sunniten keine von allen anerkannte Autorität mehr gibt.

Die Schiiten bilden rund 10 % aller Muslime. Sie akzeptieren nur den Imam als obersten Führer. Er muss ein rechtmäßiger Nachfolger Mohammeds und gleichzeitig auch ein Nachfolger Alis (Schwiegersohn Mohammeds, siehe S. 54) sein. Der Imam hat den Anspruch auf Unfehlbarkeit und Vollkommenheit.

2 Finde heraus, in welchen Ländern Schiiten leben. Die nötigen Daten findest du auf www.auswaertiges-amt.de unter den Länder- und Reiseinformationen.

3 Ethik des Islam

Eine Situation zu Hause

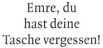

1 Schaut euch die verschiedenen Situationen aus dem Alltag an. Was fällt euch auf?

2 Befragt die türkischen Mitschüler in eurer Gruppe, wie ihr Alltag aussieht.

3 Ethik des Islam

„Und bestimmt hat dein Herr, dass ihr ihm allein dient und dass ihr gegen eure Eltern gütig seid. ... Drum ... schilt sie nicht, sondern führe zu ihnen ehrfürchtige Rede."

Koran, Sure 17/23

3 Haben sich die Jugendlichen in den Alltagssituationen an die Vorschriften des Koran gehalten?

4 Gebote, die zu Respekt vor den Eltern aufrufen, gibt es auch in anderen Religionen. Informiert euch in Nachschlagewerken bzw. im Internet.

5 Überlege dir eine Situation aus deinem Leben, in der es dir schwerfiel, dich an dieses Gebot zu halten. Bringt eure Beispiele ein und diskutiert in der Klasse.

Islam:

Das Wort **Islam** bedeutet „Demut" oder „Frieden". Die Menschen, die dieser Religion angehören, werden Moslems oder Muslime genannt. Sie glauben, dass es nur einen Gott gibt und dass die Menschen dem Willen Gottes gehorchen und sich ihm unterwerfen sollen. Gottes Wille wurde verschiedenen Propheten offenbart. Die Moslems sind überzeugt, dass der Prophet Mohammed (geb. 570 n. Chr.) der letzte Prophet war und dass die Botschaft, die er von Gott erhielt, die letzte war. Diese Botschaft ist im Koran aufgeschrieben, im heiligen Buch des Islam.

Der Koran lehrt, dass Gott alles erschaffen hat. Gott hat zwar die Menschen über die ganze Schöpfung gestellt, doch im Koran steht, dass der Moslem dankbar für alle Lebewesen sein soll, denn Gott ist der Schöpfer allen Lebens.

Die Hauptfeste im Islam

Zuckerfest und Opferfest

Der **kleine Bairam** beendet als „Fest des Fastenbrechens" (*id al-fitir*) die Fastenzeit, den Ramadan, und wird drei Tage gefeiert. Wegen der Sitte, sich gegenseitig mit Süßigkeiten zu beschenken, wird es auch als „Zuckerfest" bezeichnet. Es ist für die Bevölkerung das bedeutendste Fest.

[...] Am Tag des Zuckerfestes geht Aylin schon frühmorgens zu den Eltern, um zu gratulieren und ihnen, zum Zeichen ihrer Ehrerbietung, die Hände zu küssen. Es ist Sitte, dass am Feiertag jeder jedem gratuliert. [...] Sie wünschen sich viele Feiertage und ein langes Leben, schütten den Besuchern Zitronenwasser in die Hände, bieten Bonbons, Kuraabiye und Baklava an und schenken den Kindern Geld. [...] Pausenlos klopft es an der Tür. Kein Kind lässt sich die Süßigkeiten und das Geld entgehen.

[...] Am ersten Feiertag gehen die Männer auf die Friedhöfe, um für die Toten zu beten und an die Gräber der Frischverstorbenen ein buntes Stück Stoff zur Erinnerung anzubinden.

Heute Abend kommen Gäste zum Essen. Es gibt Sarma, Weinblätterwickel, Bohnen und Joghurt, gefüllte Auberginen, Hammelfleisch in Brühe, Kichererbsensuppe. Zum Abschluss gibt es Baklava und türkischen Mokka.

An diesem Feiertag geht es wirklich nur ums Essen. Nach der Fastenzeit hat jeder Nachholbedarf.

70 Tage später begeht man den **großen Bairam**. Er wird von denjenigen, die nicht an der Pilgerfahrt nach Mekka teilnehmen, zu Hause mit der Opferung eines Schafes gefeiert und deshalb auch „Opferfest" (*id al-adha*) genannt.

„Bis ins Alte Testament reicht die Tradition zurück, denn der Bairam findet zum Gedenken an das Opfer Abrahams statt. Gott stellte ihn damals auf die Probe, und Abraham war bereit, ihm seinen Sohn Isaak zu opfern. Da befahl Gott ihm Einhalt. An Isaaks Stelle opferte Abraham einen Widder, der sich mit seinen Hörnern im Dickicht verfangen hatte. Deshalb muss jeder eigentlich froh sein, nicht den eigenen Sohn opfern zu müssen, sondern nur ein dummes Schaf, auch wenn es einem darum leidtut."

---

1. *Jedes Kind freut sich auf den kleinen Bairam. Im Text findest du die Gründe.*

2. *An welches Ereignis aus dem Alten Testament denken die Muslime, wenn sie das Opferfest feiern?*

3. *Welche Gedanken gingen Abraham durch den Kopf, als er sich bereit erklärte, Gott seinen Sohn Isaak zu opfern? Schreibe die Gedanken auf.*

4. *Sicher sind unter euch Schüler, die große Feste aus anderen Religionen kennen. Berichtet darüber.*

... ein richtiger Muslim – die Beschneidung*

Özkan geht in die 8. Klasse der Realschule. Eines Tages lädt er Frau Taschner, seine Betreuerin bei der Hausaufgabenhilfe, nach Hause ein.

Özkan:	Meine Eltern würden sich freuen, wenn Sie mit Ihrem Mann einmal zu Besuch kämen.
Frau Taschner:	Ja, gerne. Gibt es einen besonderen Anlass für die Einladung?
Özkan:	Wir hatten zu Hause ein Fest. Mein kleiner Bruder Ahmet ist beschnitten worden. Wir hatten viele Gäste.
Frau Taschner:	Wie war das? Musste dein Bruder dazu ins Krankenhaus?
Özkan:	Wir hatten einen Arzt, der die Beschneidung bei uns zu Hause durchgeführt hat. Mein Vater hatte sich in der islamischen Gemeinde genau erkundigt. Der Arzt hat so etwas schon öfter gemacht und einen sehr guten Ruf.
Frau Taschner:	Wie ging es Ahmet? War es sehr schlimm für ihn?
Özkan:	Nein, wir haben vom Arzt Medikamente gegen die Schmerzen bekommen. Ahmet hat sich sehr gefreut. An diesem Tag war er der Mittelpunkt, und das hat er sehr genossen. Meine Eltern hatten ihr Schlafzimmer für das Fest umgeräumt und geschmückt. Er hat einen neuen Anzug bekommen, so eine Art Uniform, und dann hat er noch viele andere Geschenke erhalten. Es war wirklich ein schönes Fest und Ahmet ist sehr stolz, dass er jetzt ein richtiger Muslim ist.

1 Warum nimmt Ahmet die Schmerzen gerne auf sich?

2 Das Fest der Beschneidung wird nicht überall gleich gefeiert. Befrage die Muslime in deiner Gruppe.

Die **Beschneidung** ist ein uralter Brauch, der in vielen Teilen der Welt gepflegt wird.
Bei Muslimen signalisiert sie den Beginn der religiösen Eigenverantwortung des Jungen.

Leben in zwei Kulturen

Ertümen, 19: „Hier fühle ich mich als Türke; aber wenn ich in die Türkei gehe, fühle ich mich viel fremder als hier. Dort werde ich nicht als Türke akzeptiert. Die erkennen dich sofort, an der Sprache, am Aussehen, an den Klamotten …"

Asvye, 20: „Mein Vater hat gesagt: ‚Du kannst heiraten, wen du willst. Aber es muss ein Moslem sein. … Komm mir nicht mit einem Deutschen. Die Tradition ist anders …'"

Savan, 23: „In der Türkei, da sind wir auch Ausländer – wie hier."

Göknor, 16: „Meine deutsche Freundin darf alles machen, was sie will. Die darf auch morgens nach Hause kommen, einen Freund haben. Die hat mehr Freiheit. Da beneidet man sie."

Murat, 20: „Aber dann würden wir unsere Lebensweise und Kultur aufgeben. Man kann nicht gleichzeitig Türke und Deutscher sein."

1 In welchen Situationen befinden sich die fünf jungen Menschen?

2 Göknor beneidet ihre deutsche Freundin. Nimm Stellung zu ihrer Aussage.

3 „Man kann nicht gleichzeitig Türke und Deutscher sein." Bist du Murats Meinung? Schreibe ihm deine Meinung dazu in einem kurzen Brief.

4 In eurer Klasse lernen vielleicht auch ausländische und deutsche Jugendliche zusammen. Ist das eine problematische Situation?

5 Nicht nur Jugendliche, auch deren Eltern und Großeltern leben in zwei Kulturen. Welche Erfahrungen machen sie damit?

Herr Sharif Salaemae (45)
erzählt von seinem Leben als Muslim in Deutschland

Meine Mutter lebt noch in Thailand und hat mich gefragt, wie es hier ist. Ich sage, dass die Leute hier freundlich sind und dass das System ist wie im Islam. Betrug und Diebstahl sind verboten, man unterstützt die Armen, und der Staat hilft auch, die Leute sind immer korrekt. Auch die Moral ist wie im Islam. In arabischen Ländern gibt es oft viele Fanatiker, die machen die ganze Welt ein bisschen durcheinander. Der richtige Islam heißt: immer locker, immer freundlich mit anderen Menschen leben. Meine Tochter Nadia geht in eine christliche Klosterschule, das ist kein Problem. Christus kommt auch von Gott; Islam und Christentum sind eine gemeinsame Religion, wenn man sie richtig versteht.

Frau Güler Taskin (30)
trägt das Kopftuch immer, auch zu Hause, wenn ein Mann zu Besuch kommt

Ich habe den Koran im Haus, drei Ausgaben, und wenn wir Fragezeichen im Kopf haben, dann schlagen wir ihn auf und finden alles, was wir brauchen. Religion ist das Wichtigste für uns. Egal, wo ich leben würde, in Amerika, in China, ich mache meine Religion. Wenn ich das nicht dürfte, würde ich nicht in diesem Land leben. Und in Deutschland kann ich das Kopftuch tragen, beten, auf Alkohol verzichten und all das tun, was im Koran steht ...

1 *Bei beiden Personen handelt es sich um Muslime. Was erfährst du über ihr Leben in Deutschland?*

2 *Herr Salaemae hat kein Problem damit, dass seine Tochter Nadia in eine christliche Klosterschule geht. Warum nicht?*

3 *Trägt Frau Taskin immer ein Kopftuch?*

4 *Lies die Texte nochmals durch. Welche dieser zwei Lebensweisen kannst du besser verstehen? Begründe deine Meinung.*

5 *Vielleicht sind in eurer Ethikgruppe muslimische Schüler oder Schülerinnen. Was können sie über ihr religiöses Leben in Deutschland erzählen?*

3 Ethik des Islam

Die vielen Gesichter des Islam – Iran

Ländername	Islamische Republik Iran
Hauptstadt	Teheran
Bevölkerung	68,6 Mio., etwas mehr als die Hälfte Perser sowie Aseris, Kurden, Luren, Araber, Belutschen, Kaschkai, Turkmenen und andere
Landessprache	Offizielle Sprache Farsi (Persisch)
Religionen/Kirchen	Mehr als 98 % Muslime (90 % Schiiten, 10 % Sunniten); daneben Christen, Zarathustrier, Bahaì, Juden
Staatsform	Islamische Republik (seit 1. April 1979)
Staatsoberhäupter	Präsident und Regierungschef Oberster Führer der Islamischen Revolution
Parlament	Versammlung des Islamischen Rates
Regierungsparteien	Keine Parteien im westeuropäischen Sinne

Aus den Reise- und Sicherheitshinweisen des Auswärtigen Amtes für Reisende in den Iran:
„Alkoholgenuss ist untersagt. Frauen müssen die islamischen Bekleidungsvorschriften einhalten (Kopftuch, Mantel, keine Sandalen), vermehrte Straßenkontrollen werden durchgeführt. Männer sollten keine kurzen Hosen tragen. An religiösen Orten (Moscheen etc.) sollte außerdem langärmelige Oberbekleidung getragen werden. Die für das Verhältnis zwischen Mann und Frau geltenden Gesetze und Regeln sind unbedingt zu beachten. Kontakte zwischen Nichtverheirateten können geahndet werden. Sexuelle Beziehungen sind nur in der Ehe erlaubt. Homosexuelle Handlungen sind strafbar. Nach iranischem Verständnis unzüchtiges Verhalten wird streng geahndet; teilweise ist es mit der Todesstrafe bedroht. Beim Fotografieren von Menschen ist größte Zurückhaltung erforderlich."

Türkei

Ländername	Republik Türkei
Hauptstadt	Ankara
Bevölkerung	72,97 Mio.
Landessprache	Türkisch; kurdische Dialekte im Osten und Südosten
Religionen/Kirchen	Ca. 99 % Muslime (mehrheitlich Sunniten, aber auch Aleviten*); daneben christliche und jüdische Minderheiten Laizistisches Staatsverständnis, d.h. strikte Trennung zwischen Staat und Religion (Islam), z. B. Kopftuchverbot an öffentlichen Schulen, jedoch Kontrolle der religiösen Angelegenheiten durch das staatl. Amt für religiöse Angelegenheiten
Staatsform	Republik/parlamentarische Demokratie (Ausrufung der Republik durch Kemal Atatürk*)
Staatsoberhaupt	Staatspräsident; Wahl durch Nationalversammlung
Regierungschef	Ministerpräsident
Parlament	Türkische Große Nationalversammlung
Regierungsparteien	AKP (Partei für Gerechtigkeit und Entwicklung), CHP (Republikanische Volkspartei), DP (Demokratische Partei), DYP (Partei des Richtigen Weges) u. a.

Aus den Reise- und Sicherheitshinweisen des Auswärtigen Amtes für Reisende in die Türkei:
„Als allgemeiner Grundsatz gilt, dass in der Türkei unter Strafe steht, was auch in Deutschland verboten ist. In der Türkei werden Drogendelikte besonders hart bestraft [...]. Ebenfalls hart geahndet [...] wird der Erwerb, Besitz und die Ausfuhr von ‚Kultur- und Naturgütern', da diese als staatliches Eigentum gelten [...]. Es wird dringend davon abgeraten, in der Öffentlichkeit politische Äußerungen gegen den türkischen Staat zu machen bzw. Sympathie mit terroristischen Organisationen zu bekunden."

1 Im Iran und in der Türkei bilden Muslime die Mehrheit der Bevölkerung. Worin unterscheiden sich die beiden Länder und woran könnte es liegen?
2 Informiert euch über weitere Länder, die islamisch geprägt sind, und gestaltet eine Wandzeitung, z. B. über Indonesien, Saudi-Arabien, Nigeria, Afghanistan, Pakistan, Turkmenistan ...

3 Ethik des Islam

Grundlagen des Islam

Der Prophet Mohammed

1 Mohammed (arabisch: der Gepriesene) wurde um 570 n. Chr. in Mekka geboren. Er verlor früh seine Eltern und wurde deshalb von seinem Onkel aufgezogen. Als dieser Mohammed auf
5 eine Karawanenreise mitnahm, sagte ihm ein christlicher Mönch voraus, dass Mohammed ein großer Prophet werden würde. Der Beruf des Karawanenführers verlangte viel Intelligenz, Geschick und Verantwortung. Durch
10 seinen Beruf lernte Mohammed Menschen aus den verschiedensten Kulturen und Religionen kennen. Im Jahre 595 n. Chr. heiratete er die reiche Witwe Khadidja.

Obwohl er selber ein reiches Leben führte,
15 nahm Mohammed auch die sozialen Ungerechtigkeiten in seiner Umgebung wahr. Im Alter von 40 Jahren zog er sich häufig in eine Höhle am Berg Hira zurück, um zu fasten und zu meditieren. Dort erlebte er Visionen, in denen
20 ihm der Erzengel Gabriel erschien.

Erzengel Gabriel bei Mohammed

Wallfahrer in Mekka

3 Ethik des Islam

Mohammeds Himmelfahrt

ges (Dschihad) zurück. Man ging davon aus, Allah erschlage die Feinde und wolle die kriegerische Ausbreitung des Islam. Nach weiteren Kämpfen zog Mohammed wieder nach Mekka, umrundete siebenmal die Kaaba*, zerstörte Götterbilder und erklärte Mekka zur „heiligen Stadt". Die entscheidende Tat des Propheten Mohammed lag darin, Allah zum alleinigen und einzigen Gott erklärt zu haben.

> „Ich bezeuge,
> dass es keinen Gott außer Gott gibt,
> und ich bezeuge,
> dass Mohammed
> der Gesandte Gottes ist."

Der Erzengel sagte zu ihm: „Oh, Mohammed! Du bist der Gesandte Allahs und ich bin Gabriel." Schließlich kam Mohammed zu der Überzeugung, dass ihm ein göttlicher Auftrag aufgegeben sei. Er verkündete, dass es nur einen einzigen Gott gebe. Sein Name sei **Allah**. Der Mensch solle sich dem göttlichen Willen unterwerfen.

Diese Botschaft fand bei den Kaufleuten und Adeligen in Mekka keinen Anklang. Mohammed wurde angefeindet. Nur wenige, meist arme Leute sammelten sich um ihn. Nachdem seine Frau gestorben war und sich der Konflikt verschärft hatte, beschloss er auszuwandern. In Medina baute er die erste Moschee und lebte dort wie die großen Herrscher seiner Zeit. Mohammed kämpfte gegen eine dreimal so große Gruppe seiner Gegner und gewann. Auf dieses Ereignis geht die Idee des **Heiligen Krie-**

Fatima, die Tochter von Mohammed, Mohammed und sein Schwiegersohn Ali (von links nach rechts)

1 *Nach welchem Erlebnis war Mohammed überzeugt davon, dass er ein Prophet ist?*

Der Koran – das heilige Buch der Muslime

Auf dieser Seite kannst du dich über den Koran informieren.

114. Sure:
„Sprich: Ich nehme meine Zuflucht zum Herrn der Menschen, / Dem König der Menschen, / Dem Gott der Menschen, / Vor dem Übel des Einflüsterers, des Entweichers, / Der da einflüstert in die Brüste der Menschen – / Vor den Dschinn und den Menschen."

Für die große Mehrheit der Muslime ist der Koran die Rede Gottes, die so diktiert wurde und vom Menschen nie verändert worden ist. Der Koran nimmt für den gläubigen Muslim denselben Platz ein wie die Bibel für die Christen. Ein Muslim oder eine Muslima soll den Text nur zur Hand nehmen, wenn er/sie sich im Zustand ritueller Reinheit (Waschungen vor dem Gebet) befindet. Die exakte Aussprache des Arabischen ist genauso wichtig wie die Bedeutungen der Wörter.

Das Buch ist in 114 Suren (wörtlich: Reihen) oder Kapitel unterteilt, die mehr oder weniger der Länge nach angeordnet sind, sodass die kürzeste Sure am Ende und die längste am Anfang steht. Die wichtigste Ausnahme von diesem Schema bildet die „Eröffnende", die von den Muslimen bei jedem der fünf Gebete wiederholt wird. Dieser Text ist nach allgemeiner Auffassung der Hauptgedanke des Islam.

> „Im Namen Allahs, des Erbarmers, des Barmherzigen!
> Lob sei Allah, dem Weltenherrn,
> Dem Erbarmer, dem Barmherzigen,
> Dem König am Tag des Gerichts!
> Dir dienen wir und zu dir rufen um Hilfe wir;
> Leite uns den rechten Pfad,
> Den Pfad derer, denen du gnädig bist,
> Nicht denen, denen du zürnst, und nicht der Irrenden."
>
> Sure 1, 1–7

Die Rolle der Frau im Islam

> Fürchtet ihr, gegen Waisen nicht gerecht sein zu können (betet und bessert euch). Überlegt gut und nehmt nur eine, zwei, drei, höchstens vier Ehefrauen. Fürchtet ihr auch so noch, ungerecht zu sein, nehmt nur eine Frau oder lebt mit Sklavinnen (die unter eurer Hand, eurem Rechte stehen), die ihr erwarbt. So werdet ihr leichter nicht vom Rechten abirren.
> Sure 4,3

> Männer sollen vor Frauen bevorzugt werden (weil sie für diese verantwortlich sind), weil die einen vor den anderen mit Vorzügen ausgezeichnet hat und auch weil jene diese erhalten. Rechtschaffene Frauen sollen gehorsam, treu und verschwiegen sein, damit auch Allah sie beschütze. Denjenigen Frauen aber, von denen ihr fürchtet, dass sie euch durch ihr Betragen erzürnen, gebt Verweise, enthaltet euch ihrer, sperrt sie in ihre Gemächer und züchtigt sie. Gehorchen sie euch aber, dann sucht keine Gelegenheit, gegen sie zu zürnen; denn Allah ist hoch und erhaben.
> Sure 4,34

> Sage auch den gläubigen Frauen, dass sie ihre Augen niederschlagen und sich vor Unkeuschem bewahren sollen und dass sie nicht mit ihren Zierden (ihren nackten Körpern, ihren Reizen), außer nur was notwendig sichtbar sein muss, entblößen und dass sie ihren Busen mit dem Schleier verhüllen sollen. Sie sollen ihre Reize nur vor ihren Ehemännern zeigen oder vor ihren Vätern oder vor den Vätern ihrer Ehemänner oder vor ihren oder den Söhnen ihrer Ehemänner, den Stiefsöhnen, oder vor ihren Brüdern oder vor den Söhnen ihrer Brüder und Schwestern oder vor ihren Frauen oder vor ihren Sklaven oder vor den Dienern, welche kein Bedürfnis zu Frauen (keinen Geschlechtstrieb) fühlen, oder vor Kindern, welche die Blöße der Frauen nicht beachten.
> Sure 24,31

> Sage, Prophet, deinen Frauen und Töchtern und den Frauen der Gläubigen, dass sie ihr Übergewand (über ihr Antlitz) ziehen sollen, wenn sie ausgehen; so ist es schicklich, damit man sie als ehrbare Frauen erkenne und sie nicht belästige. Allah ist versöhnend und barmherzig.
> Sure 33,59

1 *Auf den Seiten 50 und 51 findest du Aussagen von muslimischen Frauen. Welche Aussagen des Korans beeinflussen das Leben von Asvye, Göknor und Frau Taskin?*

2 *Der Koran entstand im 7. Jahrhundert in arabischer Sprache und ist demnach ein sehr alter Text. Islamwissenschaftler streiten sich oft über die Bedeutung der Aussagen, sodass auch die deutsche Übersetzung nur eine Interpretation* ist. Welche der obigen Aussagen über das Verhältnis zu Frauen würde jedoch in diesem Sinn mit unserem Grundgesetz in Konflikt geraten? Sucht die entsprechenden Grundgesetzartikel.*

3 *Die Kleidervorschriften werden oft unterschiedlich interpretiert. Sucht Bilder zu den unterschiedlichen Traditionen in den islamischen Ländern im Internet oder in Büchern.*

4 *Informiert euch über die Rolle des Mannes im Islam.*

> Unter den Gläubigen zeigen diejenigen den vollkommensten Glauben, die den besten Charakter besitzen. Und die Besten von euch sind diejenigen, die ihre Frauen am besten behandeln.
> Aus dem Hadith* (nach Abu Hurayra)

Die fünf Säulen des Islam

Schahada – Glaubensbekenntnis

1 Das Glaubensbekenntnis soll regelmäßig gebetet werden. Es ist wie alle Texte des Korans in Arabisch geschrieben. Ein muslimischer Mitschüler könnte es der Klasse vortragen.

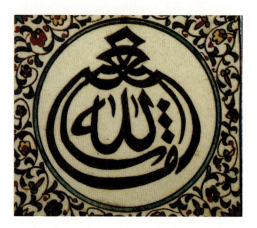

GOTT ist der Größte.
Ich bezeuge,
dass es keinen Gott
außer GOTT gibt.

Salat – Einhaltung der fünf täglichen Gebete

Die übliche Art eines Muslims, einen Ort für das Gebet vorzubereiten, besteht darin, einen Gebetsteppich auszurollen. Er wird nach Mekka hin ausgerichtet. In viele Teppiche ist ein Kompass eingearbeitet, der zu bestimmen hilft, in welcher Richtung Mekka liegt.

Geist und Körper sollen auf das Gebet vorbereitet werden. Die Reinigungsvorschriften vor einem Gebet:

1. Wasche dreimal die Hände bis zu den Handgelenken.
2. Spüle dreimal den Mund aus.
3. Wasche dreimal die Nasenlöcher und putze dreimal die Nase.
4. Wasche dreimal das Gesicht.
5. Wasche dreimal jeden Arm bis zum Ellenbogen.
6. Fahre einmal mit nassen Händen über Kopf und Nacken.
7. Wasche dreimal jeden Fuß bis hin zum Knöchel.

Zakat – Armensteuer

In früheren Jahrhunderten war es genau vorgeschrieben, an welche Bevölkerungsgruppen die Zakat verteilt werden musste, z. B. Freiwillige im Heiligen Krieg, Pilger.
Heute ist Zakat eine Geldspende für wohltätige Zwecke, d. h. Almosen.

Saum – Fasten während des Monats Ramadan

„Im Ramadan gehen nachts junge Männer durchs Dorf und trommeln so lange, bis in den Häusern das Licht angeht. Bis kurz vor Sonnenaufgang, wenn der Muezzin* zum Morgengebet ruft, dürfen wir essen", weiß Aylin. „Während des ganzen Tages, bis der Muezzin zum Abendgebet ruft, wird gefastet. Essen, Trinken und auch Zigaretten sind verboten. Wer nicht rechtzeitig wach wird, muss den ganzen Tag mit leerem Magen herumlaufen. Und das ist hart!"

Der Islam richtet sich in seinem Jahreszyklus nach dem Neumond, deshalb verschieben sich alle Feiertage von Jahr zu Jahr.

Hadsch – Pilgerreise nach Mekka

Die Pilgerfahrt nach Mekka, dem zentralen heiligen Ort des Islam, ist ein Höhepunkt im Leben jedes Muslims. Vor der Ankunft in Mekka kleiden sich die Pilger in ein Gewand aus zwei ungenähten weißen Tüchern. So werden Unterschiede der Rasse und des sozialen Standes aufgehoben. In der heiligen Stadt selbst wird dann die Ka'ba feierlich umschritten. Man verweilt im Gebet auf dem Hügel Arafát. Zu den Riten gehört auch ein siebenmaliger Lauf zwischen den Hügeln Safa und Marwa, außerdem die Steinigung des Satans, bei der dreimal sieben Steinchen auf eine bestimmte Stelle geworfen werden.

Die Wallfahrt nach Mekka, bei der alljährlich Tausende Muslime zusammenkommen, stärkt das Gemeinschaftsgefühl der Gläubigen. Die Muslime strömen aus aller Welt herbei. Dann gleicht die Stadt Mekka einem riesigen Heerlager.

1   Schreibe aus den Texten zu den fünf Säulen heraus, was dir jeweils am wichtigsten erscheint.

2   Nicht nur im Islam gibt es solche Vorschriften.
    a) Welche religiösen Regeln kennst du?
    b) Befolgst du selbst diese Regeln? Begründe.

3   Erkundigt euch, ob es in eurer Umgebung einen islamischen Gebetsraum oder eine Moschee gibt. Vielleicht habt ihr die Gelegenheit, dort im Rahmen eines Besuches noch mehr über den Islam zu erfahren.

Wirkungen des Islam auf Europa

1, 2, 3 – Woher kommen unsere Zahlen?

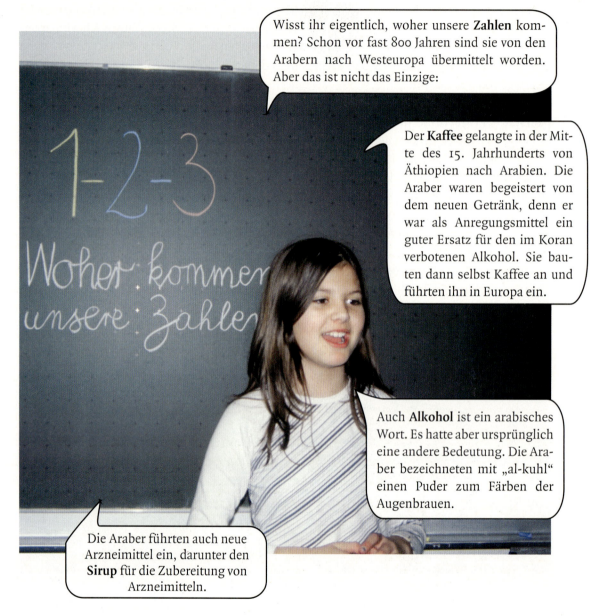

Wisst ihr eigentlich, woher unsere **Zahlen** kommen? Schon vor fast 800 Jahren sind sie von den Arabern nach Westeuropa übermittelt worden. Aber das ist nicht das Einzige:

Der **Kaffee** gelangte in der Mitte des 15. Jahrhunderts von Äthiopien nach Arabien. Die Araber waren begeistert von dem neuen Getränk, denn er war als Anregungsmittel ein guter Ersatz für den im Koran verbotenen Alkohol. Sie bauten dann selbst Kaffee an und führten ihn in Europa ein.

Auch **Alkohol** ist ein arabisches Wort. Es hatte aber ursprünglich eine andere Bedeutung. Die Araber bezeichneten mit „al-kuhl" einen Puder zum Färben der Augenbrauen.

Die Araber führten auch neue Arzneimittel ein, darunter den **Sirup** für die Zubereitung von Arzneimitteln.

Als nächsten Punkt meines Referates möchte ich über den Einfluss der islamischen Welt auf die Medizin in Europa berichten.
Muslime richteten die ersten Apotheken und Drogerien ein. Sie gründeten im Mittelalter die erste Apothekerschule und schrieben wichtige Bücher über Arzneimittel. Die Ärzte waren begeistert über die Heilwirkung eines Dampfbades, z. B. bei Fieber. Ihre Anweisungen zur Behandlung von Masern sind heute kaum übertroffen. Bei einigen Operationen wurde schon eine Betäubung durch Inhalieren vorgenommen.
Wir wissen, dass es um 1000 n. Chr. in der islamischen Welt bereits 34 Krankenhäuser gab.

3 Ethik des Islam

Elif stellt während des Referates Fragen an die Klasse:

1 Ich habe euch jetzt einiges über die islamische Kultur berichtet. Wer kann nun die Herkunft der Begriffe Sirup, Alkohol und Kaffee mit eigenen Worten wiederholen?

2 Als Nächstes möchte ich von euch wissen, welchen Einfluss die islamische Welt auf die Medizin in Europa hatte.

Jetzt werdet ihr noch etwas über den islamischen Einfluss auf die Kunst und Architektur erfahren.

3 Beschreibt die Besonderheiten des Baustils der Alhambra in Granada, in Spanien. Wie wirkt der Innenhof auf euch? Begründet.

Im Islam ist die künstlerische Darstellung von Mensch und Tier verboten. Man vermutet, dass Mohammed damit die Verherrlichung von Götzenbildern verhindern wollte. Dies führte dazu, dass sich die islamische Kunst in der kunstvollen Darstellung von Schriftzeichen äußerte. Ich habe euch hierzu ein Beispiel dieser Kunst mitgebracht:

Segel: „Es gibt keinen Gott außer Allah und Mohammed ist sein Prophet."
Boot und Ruder: „Ich glaube an Gott und seinen Engel, seine Bücher, seine Propheten, an den Jüngsten Tag, die Vorbestimmung, das Gute und Böse und an die Wiederauferstehung nach dem Tode."

3 Ethik des Islam

Austausch zwischen Orient* und Okzident*

Im Geschichtsunterricht hast du sicherlich schon etwas über die Kreuzzüge erfahren. Papst Urban II. rief im Jahr 1095 in der französischen Stadt Clermont die Christen zur Befreiung Jerusalems von den Muslimen auf. Jedem, der sich dazu verpflichtete, wurde die Vergebung seiner Sünden und ein Platz im Himmelreich versprochen. Diese brutalen Kriegszüge, die sich über 200 Jahre erstreckten, belasteten das Verhältnis zwischen Christen und Muslimen sehr. Durch die Anwesenheit christlicher Ritter im Orient kam es allerdings auch zu einem fruchtbaren Austausch der Kulturen, von dem Elif in ihrem Referat berichtet hat.

Zahlen

Im Mittelalter rechnete man in Europa mit den römischen Zahlen. DCCCCLXXXXVIII steht für 998. Übertrage folgende Additionen in die römische Schreibweise und beurteile demgegenüber die arabische Schreibweise.

| 18 + 25 = * | 333 + 49 = * | 543 + 768 = * |

Die Araber ergänzten die neun Zahlzeichen der Inder 9 8 7 6 5 4 3 2 1 um das 0, das arabisch „sifr" heißt. Durch diese Ergänzung konnte jede beliebige Zahl geschrieben werden.
Kommt dir das arabische Wort für Null bekannt vor?

Medizin

Ein arabischer Arzt berichtet über fränkische Heilkunst (Die Muslime bezeichneten alle Europäer als Franken):

> „Sie führten mir einen Ritter vor, der einen Abszess* am Bein hatte, und eine Frau, die an Auszehrung* litt. Dem Ritter machte ich ein erweichendes Pflaster, und der Abzess öffnete und besserte sich; der Frau verschrieb ich eine Diät und führte ihrer Säftemischung Feuchtigkeit zu. Da kam ein fränkischer Arzt daher und sagte: ‚Der weiß doch überhaupt nicht, wie sie zu behandeln sind!', wandte sich an den Ritter und fragte ihn: ‚Was willst du lieber: mit einem Bein leben oder mit beiden Beinen tot sein?' Der antwortete: ‚Lieber mit einem Bein leben!' Da sagte er: ‚Holt mir einen kräftigen Ritter und ein scharfes Beil!' [...] Er schlug, unter meinen Augen, einmal zu, und da das Bein nicht abgetrennt war, ein zweites Mal: das Mark des Beines spritzte weg, und der Ritter starb sofort. Hierauf untersuchte er die Frau und sagte: ‚Die da hat einen Dämon im Kopf, der sich in sie verliebt hat. Schert ihr die Haare.' Sie schoren sie, und sie aß wieder von ihren gewohnten Speisen, Knoblauch und Senf, wodurch die Auszehrung sich verschlimmerte. ‚Der Teufel steckt in ihrem Kopf', urteilte er, nahm ein Rasiermesser und schnitt ihr kreuzförmig über den Kopf, entfernte die Haut in der Mitte, bis der Schädelknochen freilag, und rieb ihn mit Salz ein: die Frau starb augenblicklich. Da fragte ich: ‚Habt ihr mich noch nötig?' Sie verneinten, und ich ging weg, nachdem ich von ihrer Heilkunde gelernt hatte, was ich vorher nicht wusste."

1 Vergleiche die hier beschriebene fränkische mit der arabischen Heilkunst.
2 Wie verhält sich der fränkische gegenüber dem arabischen Arzt? Was hat der arabische Arzt wohl von ihm gelernt?

Lebensart und Esskultur

Elif informierte uns darüber, wie die europäische Architektur von der orientalischen beeinflusst wurde. Die Kreuzfahrer lernten bei ihrer Begegnung mit den Arabern aber auch eine ganz neue Lebensweise kennen. Während die fränkischen Ritter noch in zugigen, schmucklosen Burgen hausten, statteten wohlhabende Araber ihre Wohnungen bereits mit Teppichen, Spiegeln, Sofas und Sitzkissen aus. Sie hatten bunt verglaste Fenster und trugen farbenprächtige Gewänder aus den feinsten Stoffen. Auch die Esskultur war der der Europäer voraus. Man benutzte kostbares Tafelgeschirr und trank bereits aus Gläsern. Die Speisen wurden mit erlesenen Gewürzen verfeinert; man kannte eine große Anzahl an Früchten wie Pfirsiche, Datteln und Melonen. Die reichen Damen verwendeten feinste Pafums, Körperöle und Cremes. Die Europäer lernten von den Arabern auch das Schachspiel. Die Kreuzfahrer brachten diese Luxusartikel mit nach Europa, sodass sich auch dort nach und nach die Lebensart verfeinerte.

Zahlreiche Lehnwörter aus dem Arabischen machen diesen Einfluss deutlich:

> Algebra – Aprikose – Baldachin – Benzin – Karaffe – Harem – Joppe – Kaffee – Kattun – Laute – lila – Marzipan – Matratze – Mokka – Orange – Safran – Sakko – Satin – Schach – Sofa – Spinat – Tasse – Zucker

1 Warum hat man die Begriffe aus dem Arabischen übernommen?
2 Kläre mithilfe eines Wörterbuches unbekannte Begriffe.
3 Ordne die Lehnwörter nach Sachgebieten.

Märchen aus 1001 Nacht

Die Menschen brachten aus dem Orient auch Geschichten mit. Der bekannteste Märchenzyklus in der islamischen Welt sind die Märchen aus 1001 Nacht. In der Rahmenhandlung* geht es um den persischen König Schahrirar, der von seiner Frau betrogen wurde und daher den Glauben an die Liebe verlor. Von da an musste sein Großwesir* ihm jeden Abend eine Jungfrau in den Palast bringen. Der König pflegte die Mädchen zu heiraten, verbrachte eine Nacht mit ihnen und ließ sie am nächsten Morgen kaltblütig enthaupten. So hatte nie wieder eine seiner Ehefrauen die Gelegenheit, ihn zu betrügen. Das ging so lange, bis der Großwesir kein Mädchen mehr fand, das er dem König opfern konnte. Da verlangte der unbarmherzige Schahrirar des Wesirs Tochter Scheherazade. Sie war sehr belesen und kannte die Erzählungen der Könige genauso wie die des einfachen Volkes. In der Hochzeitsnacht erzählte sie ihrem Mann eine Geschichte, weil sie wusste, dass er Geschichten liebte. Nacht für Nacht erzählte Scheherazade dem König ihre Geschichten, die immer wieder neue Geschichten gebaren, und Schahrirar verschob ihre Hinrichtung von einem Tag auf den anderen, um in den Nächten zu erfahren, wie es weitergehen würde. Nachdem ihm die kluge Frau in der 1001 Nacht all ihre Geschichten erzählt hatte, sagte sie: „Jetzt kannst du mich köpfen lassen." Da aber sagte der König: „Deine Geschichten haben meine niederen Instinkte in Liebe verwandelt und die Liebe ist der größte Reichtum, den ein Mensch je erlangen kann."

3 Ethik des Islam

Betest du in der Kirche oder in der Moschee?

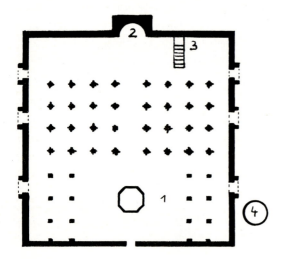

Grundriss einer Moschee

1 Innenhof mit Brunnen
2 Gebetsnische (Mihrab)
3 Kanzel (Mimbar)
4 Minarett

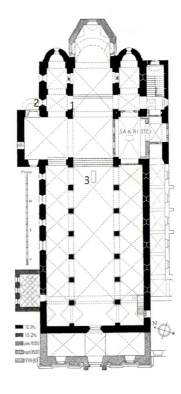

Grundriss einer Kirche

1 Altar
2 Taufstein
3 Kanzel

1 *Welche Gemeinsamkeiten bzw. Unterschiede kannst du auf den abgebildeten Grundrissen erkennen?*

Moschee in Tunis

Klosterkirche in Ottobeuren

3 *Ethik des Islam*

2 *Auch am Äußeren der beiden Gotteshäuser kannst du Unterschiede entdecken. Beschreibe.*

3 *Kirchturm und Minarett – welche Bedeutung könnten die beiden Türme der Gotteshäuser haben? Stellt Vermutungen an und notiert sie auf einem Blatt.*

Blaue Moschee in Istanbul   San-Lorenzo-Kirche in Florenz

4 *Beschreibe die Fotos. Was fällt besonders auf?*

5 *Bestimmt gibt es in eurem Wohnort eine Kirche – vielleicht sogar einen islamischen Gebetsraum. Nehmt Kontakt zu einem Pfarrer bzw. zu einem Hodscha* auf und fragt nach, ob ihr zu Besuch kommen dürft.*

6 *Erstellt einen Fragenkatalog zu folgenden Bereichen:*
- *Grundriss, Bauform*
- *Turm, Minarett*
- *Innenausstattung*
- *Gottesdienste*
- *Aufgaben des Pfarrers/Hodschas*
- *Früher/heute*
- *…*

7 *Stellt die Ergebnisse eurer Erkundungen auf Plakaten vor.*

8 *Plant nun mit der Klasse einen gemeinsamen Gottesdienstbesuch in der Moschee bzw. in einer Kirche.*

9 *Übrigens: Haben eure ersten Vermutungen zum Thema Minarett und Kirchturm gestimmt?*

Reicher und armer Orient

Sultan und Schöngeist

Die Vereinigten Arabischen Emirate stehen für unermesslichen Reichtum, dem Öl sei Dank. Das gilt auch für Schardscha, den drittgrößten Teilstaat. Allerdings hat sich die kleine Schwester der Boom-Anführer Dubai und Abu Dhabi zusätzlich auf Kunst und Wissenschaft verlegt. Schardscha ist das geistige Zentrum der Emirate – den Ruf hat das Gebiet am Persischen Golf seinem Herrscher zu verdanken: Sultan* bin Mohammed Al-Qasimi ist bekannt als Förderer von Kultur und Forschung. Schardscha besitzt mehr Museen als Abu Dhabi und Dubai zusammen. Die Biennale hat sich als wichtigste Veranstaltung der Gegenwartskunst etabliert, und die vom Sultan errichtete „American University" zieht Studenten aus dem gesamten Nahen Osten an.

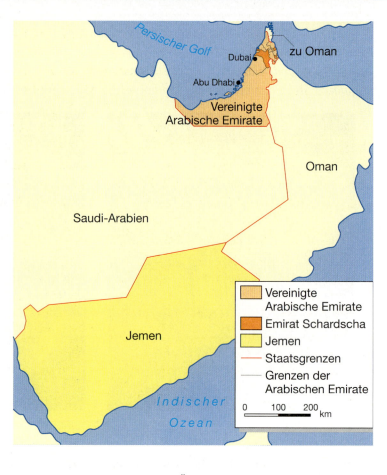

Die Vorreiterrolle in Kulturangelegenheiten übernahm der seit 1972 regierende Sultan aus pragmatischen Gründen. In seinem Land sprudeln die Ölquellen nicht ganz so üppig, man brauchte zusätzliche Attraktionen. Überdies hatte der heute 68-Jährige sein Reich 1985 „trocken legen" lassen: Alkohol ist seither, auch für Ausländer, verboten. Eine Maßnahme, die den Tourismus in Schardscha einbrechen ließ, dessen gleichnamige Hauptstadt im 19. Jahrhundert dank Perlen- und Salzvorkommen einer der reichsten Handelsplätze der Region war. Mit Museums- und Hochschulgründungen, mit der renommierten Kunstbiennale, die wohldosiert Kritisches zulässt, und dem Wiederaufbau historischer Markt- und Geschäftsviertel profiliert er sein Land als kulturell-geistigen Mittelpunkt der Emirate.

Auch er selbst, Spross einer einflussreichen Herrscherfamilie, hat seine akademische Ausbildung zielstrebig absolviert. Nach einem Studium der Agrarwissenschaften in Kairo legte Mohammed Al-Qasimi zwei Doktorarbeiten in Philosophie und politischer Geografie an britischen Hochschulen nach. Im Oktober 2006 wurde dem stets in eine schneeweiße Dischdascha* gehüllten Emir die Ehrendoktorwürde der Universität Tübingen für seine langjährige Förderung eines Ausgrabungsprojekts verliehen. Er trage, ließ das zuständige Institut mitteilen, „wie kein anderer Herrscher der arabischen Welt zum Dialog der Kulturen bei".

Wegen des Alkoholverbots, der Kleidervorschrift für Frauen – bauchfrei wird als nicht statthaft angesehen – gilt Schardscha als konservativstes Emirat. Die von amnesty international* angeprangerten Missstände wie Todesurteile, erniedrigende Strafen wie Auspeitschen sind in allen Staaten der Föderation immer noch gängige Praxis. Gleichzeitig gilt Scheich Sultan als liberalster unter den Führern am Golf. Er befürwortet Wahlen auf Gemeindeebenen, seine Nichte ist Wirtschaftsministerin, und nur in Schardscha gehören Frauen zum beratenden „Supreme Council*". Anne Goebel

Beantworte folgende Fragen zum Text:

1 Warum sind die Vereinigten Arabischen Emirate so reich?
2 Inwiefern spielt der Islam bei den Gesetzen in Schardscha eine Rolle? Beziehe dich auf das, was du bereits über den Islam erfahren hast.
3 Was wirft amnesty international den Emiraten vor? Erkundige dich über das Herrschaftssystem in diesen Ländern und erkläre die Begriffe **Sultan – Emir – Scheich**.
4 Wie trägt Sultan bin Mohammed Al-Qasimi zum Dialog der Kulturen bei?

Ein Scheich zu Besuch im Ethikunterricht

Die Ethikschüler der Konradin-Realschule in Friedberg sind schon ganz aufgeregt. Heute sollte ein echter Scheich an die Schule kommen. Er ist in der Gegend, weil er sich im Krankenhaus Aichach behandeln lässt. Sie sind schon alle ganz aufgeregt. Ob er wohl mit einem Rolls-Royce vorfährt? Ob er viele Frauen dabeihat? Ob er ihnen Geschenke mitbringt? Schließlich sind Scheichs ja immer reich, oder? Ganz verwundert sind die Schüler schließlich, als sie ihn sehen: Scheich Al Sufi, der Ortsvorsteher des 6000-Einwohner-Ortes Al Mihlaf im Jemen. Er wirkt weder reich noch mächtig. Das einzig Besondere an seiner Kleidung ist das Tuch, das er kunstvoll um seinen Kopf gewickelt hat. Daran, so der Scheich, würde man im Jemen seine Stellung erkennen. Er ist auch nicht hier, um Geschenke zu machen, sondern um zu bitten. Er kommt aus einer sehr armen Gegend im Jemen, sodass er auf unsere Hilfe angewiesen ist. Anne Rappel aus Aichach rief vor Jahren den Förderverein Aktion Jemenhilfe e. V. ins Leben, mit dem sie ein Kinderkrankenhaus und eine Schule im Heimatland des Scheichs aufgebaut hat. „Die Menschen dort bräuchten dringend eure Hilfe", appelliert sie an die Kinder und bittet um Spenden. Als ein Schüler den Scheich schließlich fragt, wie viele Frauen er denn habe, lächelt dieser. Er könne sich nur eine leisten, denn eine Frau zu heiraten, kostet viel Geld. Außerdem sei ein Leben mit nur einer Frau auch wesentlich unkomplizierter.

5 Vergleiche den Scheich aus dem Jemen mit dem aus Schardscha.
6 Erkundige dich über den Jemen und seine wirtschaftliche und politische Situation. Dein Erdkundelehrer hilft dir bestimmt.

3 Ethik des Islam

Verwandtschaft der Religionen

So unterschiedlich die drei Weltreligionen Judentum, Christentum und Islam auf den ersten Blick erscheinen mögen, haben sie doch Gemeinsamkeiten und Parallelen.

Im Folgenden seht ihr Bilder aus dem islamischen Kulturkreis. Darunter seht ihr die Namen von Personen aus dem Alten und Neuen Testament (Judentum und Christentum).

Adam

Abraham opfert Isaak

Moses

Engel Gabriel

Maria und Jesus
(Anbetung der Könige)

Christi Himmelfahrt

1 Ordnet die folgenden arabischen Namen, die im Koran vorkommen, den Bildern zu.

Engel Cebrail	Musa	Sulaiman
Maryam	Isa	Ibrahim

2 Lasst euch von muslimischen Mitschülern von der Bedeutung dieser Figuren im Islam erzählen.

3 Vergleicht ihre Bedeutung im Islam mit der im Christentum bzw. Judentum. Welche Rolle spielt z. B. Jesus bei den Muslimen?

Abraham – die Glaubensgestalt für Juden, Christen und Moslems

Abraham → altorientalisch: vom Jenseits des Flusses
→ hebräisch: Vater der Menge

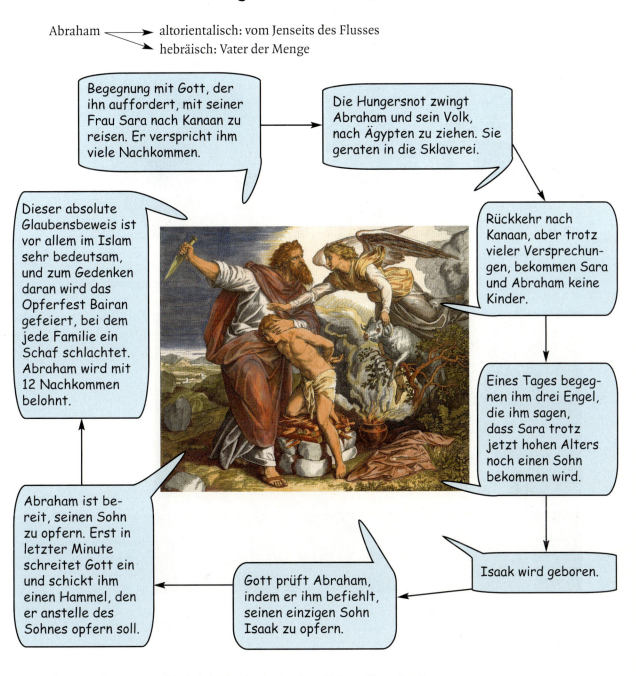

- Begegnung mit Gott, der ihn auffordert, mit seiner Frau Sara nach Kanaan zu reisen. Er verspricht ihm viele Nachkommen.
- Die Hungersnot zwingt Abraham und sein Volk, nach Ägypten zu ziehen. Sie geraten in die Sklaverei.
- Rückkehr nach Kanaan, aber trotz vieler Versprechungen, bekommen Sara und Abraham keine Kinder.
- Eines Tages begegnen ihm drei Engel, die ihm sagen, dass Sara trotz jetzt hohen Alters noch einen Sohn bekommen wird.
- Isaak wird geboren.
- Gott prüft Abraham, indem er ihm befiehlt, seinen einzigen Sohn Isaak zu opfern.
- Abraham ist bereit, seinen Sohn zu opfern. Erst in letzter Minute schreitet Gott ein und schickt ihm einen Hammel, den er anstelle des Sohnes opfern soll.
- Dieser absolute Glaubensbeweis ist vor allem im Islam sehr bedeutsam, und zum Gedenken daran wird das Opferfest Bairan gefeiert, bei dem jede Familie ein Schaf schlachtet. Abraham wird mit 12 Nachkommen belohnt.

1. Inwiefern unterschied sich Abraham von den übrigen Menschen?
2. Worin bestand Abrahams größte Prüfung?
3. Warum ist Abraham eine Leitfigur für alle drei Weltreligionen?

Merke: Das Christentum, das Judentum und der Islam nennen Abraham als ihren Stammvater und werden deshalb als Abrahamitische Religionen bezeichnet.

Dialog zwischen den Kulturen und Religionen

Dialog unter wichtigen Würdenträgern und in der Politik

Die neue Synagoge der jüdischen Gemeinde in München wird eingeweiht.

Der Penzberger Imam Idriz will in München eine deutschsprachige Ausbildungsstätte für Imame gründen. Hier sieht man ihn mit Regionalbischöfin Susanne Breit-Keßler.

Papst Benedikt XVI. besucht zusammen mit dem Mufti* von Istanbul, Mustafa Cagrici (rechts), die Blaue Moschee in Istanbul.

1 *Hier siehst du, wie ein Dialog der Kulturen unter wichtigen Würdenträgern aussehen kann. Mach Vorschläge, wie du selbst im Alltag zum Dialog der Kulturen beitragen kannst.*

2 **Angst habe ich nur vor dem, was mir fremd ist.**
Wie kann diese Angst vor dem Fremden abgebaut werden? Gestaltet einen Ideenstern und sammelt eure Vorschläge.

3 **Toleranz** und **Integration*** *sind Begriffe, die man in diesem Zusammenhang häufig hört. Finde eine eigene Definition für diese Wörter und finde jeweils ein passendes Beispiel, um die Aussagen zu veranschaulichen.*

Dialog im Alltag: Gemeinsam kochen

In der 7. Klasse hast du das Fach Haushalt und Ernährung, in dem du die Grundlagen für die Zubereitung eines Essens lernst. Vielleicht ist deine Lehrerin oder dein Lehrer dieses Faches damit einverstanden, dass ihr ein interkulturelles* Mahl zusammenstellt. Hier sind einige Vorschläge aus der bayerischen und orientalischen Küche. Aber am besten erkundigt ihr euch bei euren Eltern nach typischen Familienrezepten. Denkt aber bei eurer Auswahl daran, dass muslimische Schüler oft kein Schweinefleisch essen. Viel Spaß beim Kochen und gemeinsamen Essen!

Bayerische Gemüsesuppe (4 Personen):	
500 g Gemüse je nach Jahreszeit: Karotten, Sellerie, Lauch, Kohlrabi, frische Pilze, Endivien, Wirsing, Kartoffeln, 1 Zwiebel, 30 g Fett, Mehl, 1,5 l Gemüsebrühe, Salz, Kräuter	Gemüse waschen, putzen, zerkleinern; Zwiebeln hacken. Vorbereitete Zwiebel und Gemüse im Fett gut andünsten, mit Mehl bestäuben, mit andünsten, mit Flüssigkeit aufgießen, bei mäßiger Hitze ca. 25 Minuten gar köcheln lassen. Suppe mit Salz, Kräutern wie Schnittlauch oder Petersilie und evtl. mit etwas Rahm abschmecken, nicht mehr kochen lassen.

Orientalisches Couscous mit Auberginen (4 Personen):	
2 Auberginen (ca. 500 g) 2 Fenchelknollen 4 Tomaten 2 Zwiebeln 2 Knoblauchzehen 3 EL Olivenöl 800 ml Gemüsebrühe 300 g Couscous je 1 TL Koriander- und Kreuzkümmel 1/2 TL Kurkuma 2 TL Tahina (Sesampaste) Cayennepfeffer Salz Pfeffer 1 EL Butter 1 TL Dillspitzen	Gemüse waschen, putzen. Auberginen längs sechsteln und in 1 cm dicke Scheiben, den Fenchel vierteln und in dünne Streifen, die Tomaten in grobe Stücke schneiden. Zwiebeln schälen, in dünne Streifen schneiden. Knoblauch schälen und zerdrücken. Grillpfanne mit 1 EL Öl einpinseln, erhitzen und die Auberginen darauf je Seite ca. 5 Min. grillen. Brühe aufkochen. Couscous mit 400 ml Brühe und 1 EL Öl verrühren, neben dem Herd zugedeckt ca. 5 Min. quellen lassen. Restliches Öl im Topf erhitzen. Zwiebeln und Fenchel darin glasig braten. Koriander, Kreuzkümmel, Knoblauch, Kurkuma, Tahina und Cayennepfeffer zugeben und kurz mitrösten. 200 ml Brühe angießen, 5 Min. garen. Tomaten und Auberginen dazugeben, aufkochen, salzen und pfeffern. Couscous auflockern, Butter untermischen, auf einer Platte aufhäufen, Gemüse ringsum anrichten. Mit Dill garnieren. Restliche Brühe dazureichen.

Zum Nachdenken: Als der Märchenvogel kam

1 EGE KIZ LISESI – Ägäisches Mädchengymnasium – stand an dem gewaltigen eisernen Tor des gefängnisartigen Gebäudes. Als Emel den Schulhof betrat, atmete sie Zimtblütendüfte
5 ein. Auf dem Stundenplan stand Geschichte.
„Emel Ertürk", sagte die Geschichtslehrerin, „erzähl du uns bitte, welche Länder die Osmanen noch erobert haben." „Äh ... ja ...", stammelte Emel. Mit einer fahrigen Bewegung
10 wischte sie sich eine Haarsträhne aus dem Gesicht. „Steh bitte auf, wenn ich dich etwas frage. Bei uns stehen die Schüler auf, wenn sie etwas gefragt werden." Emel stand auf und fühlte, wie ihr Herz laut und heftig pochte. „Keine Ant-
15 wort?", schrie die Lehrerin, als wäre das nicht längst sonnenklar. Gegen ihren Willen begann Emel zu weinen. Der Schmerz saß ihr so tief im Brustkorb, dass sie ihre Umgebung, die kichernden Mädchen, die Lehrerin, das Klas-
20 senzimmer, dass sie all das kaum noch wahrnahm. „Schluss jetzt!", zischte die Lehrerin. „Schämt euch, eine Mitschülerin auszulachen." Die Mädchen wurden auf der Stelle still und starrten brav vor sich auf den Tisch. „Was aber
25 dich betrifft, Ertürk, so werden wir wohl deine Eltern benachrichtigen müssen, wenn es mit dir so weitergeht." Sie räusperte sich, als sie sah, dass Emel wieder die Tränen kamen. „Aber was kann man anderes erwarten", fuhr sie weniger
30 streng fort. „Ihr seid in Deutschland aufgewachsen, und dann kommt ihr eines schönen Tages zu uns. Kaum dass ihr eure Muttersprache kennt, wie dann unsere Geschichte ... Es ist eine Schande, aber es ist nicht eure Schuld."
35 Als es zur Pause läutete, verließen die Mädchen das Klassenzimmer. Nur Emel blieb zurück.
Es roch nach ungelüfteten Jacken und nassen Tafellappen, nach Radiergummi und Kreidestaub. Auf einem Wandbord waren die Resul-
40 tate der letzten Werkstunden aufgestellt: zarte Teppichmuster, handgestickte Decken, selbst bedruckte Stoffe, Frauenfiguren in ägäischen Nationaltrachten mit lustigen Farblackgesichtern ... Auf dem Wandbord der 8b in München
45 hatten blank geschliffene Steine gelegen, wie man sie in Gebirgsbächen findet, und auch selbst gebastelte Figuren: Emels Klasse. Sie ging zum Fenster. – Es schneite Kirschblütenblätter.

Alev Tekinay

1 Was fühlt Emel? Sucht die Textstellen, die eure Eindrücke belegen, und sprecht in der Gruppe darüber.

2 Ist das, was Emel im Fenster sieht, Wunschtraum oder Wirklichkeit? Begründe deine Meinung.

3 Orientalische Märchenerzähler sind der Überzeugung, dass Einbildungskraft und Fantasie einen entscheidenden Einfluss auf die Wirklichkeit haben. Tauscht eure Meinungen dazu in der Gruppe aus.

4 Erzählt Emels Geschichte weiter. Wie könnte der Titel der Geschichte lauten?

4 Feste feiern

Feste feiern

Wir feiern – so oder so!

1 Erkläre die Herkunft des Wortes „Fest".

> *Tipp:*
> Ein Lexikon oder das Internet helfen dir dabei.

2 Bei welchen Anlässen möchtest du ein Fest feiern?

3 Beschreibe die positiven wie auch die negativen Erfahrungen beim Feiern von Festen.

4 Wie können diese negativen Erfahrungen vermieden werden?

Warum feiern Menschen?

Ich finde es schön, zu lachen, mit anderen zu reden, gute Musik zu hören, zu tanzen ...

Wenn ich mit meinen Freunden feiere, geht es mir gut, ich fühle mich, als ob ich erst dann richtig lebe ...

Ein Geburtstag ohne ein Fest wäre kein wirklicher Geburtstag für mich!

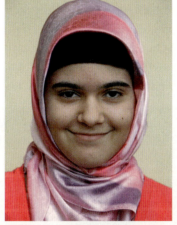

Die Klassenparty dieses Jahr hat unsere Klasse richtig gut zusammengeschweißt ...

Am schönsten finde ich es, wenn an Feiertagen die ganze Familie da ist, alle an einem Tisch sitzen, essen und trinken und durcheinander reden.

1 Warum feiern Menschen? Welche Bedeutung hat ein Fest in den Aussagen der Jugendlichen? Fallen dir weitere ein?

4 Feste feiern

Die Klassenfete

1 Alle in der Klasse 7b der Agnes-Bernauer-Schule sind richtig sauer! Sie haben sich so lange auf die Klassenfete gefreut, und was passiert? Alles lief drunter und drüber: Erst hat
5 Simone gesagt, dass sie in der Garage ihrer Eltern feiern könnten, dann gab es Streit zwischen ihnen, und Simone darf nun gar nicht mehr kommen – Hausarrest. Natürlich durfte der Rest der Klasse die Garage auch nicht für die
10 Party nutzen. Als dann endlich zwei Tage vorher klar war, dass sie im Hinterhof von Alinas Wohnblock – ihr Vater ist dort Hausmeister – feiern durften und er auch noch Tische und Bänke organisieren würde, waren alle Schüler
15 erleichtert.
Eine Stunde vor Beginn der Party begann es dann aber in Strömen zu regnen – keiner hatte an ein Zelt oder eine Ausweichmöglichkeit gedacht. Also setzten sich die Jugendlichen unter
20 das halbwegs vor dem Regen geschützte Vordach, worunter leider nicht alle passten. Keiner hatte sein Würstchen vergessen, doch der Grill fehlte. Auch für Salate war gesorgt, doch Alex, Samantha und Michaela hatten jeder Kartoffelsalat dabei. 25
Fünf Mädels der Klasse durften nicht kommen, da ihre Eltern sie nicht ohne Aufsichtsperson feiern lassen wollten, zwei Jungs hatten nicht mitgekriegt, dass die Fete in den Hinterhof verlegt wurde, und kamen erst zwei Stunden später, 30 nachdem Jana ihnen per Handy den Weg erklärt hatte. Acht hatten vergessen, dass jeder seinen Teller, Besteck und Trinkbecher selbst mitbringen sollte, was aber dann gar nicht so schlimm war, denn die wenigen Getränke, die 35 mitgebracht wurden, reichten gerade mal eine halbe Stunde.
Nicht einmal Musik gab es, obwohl fast jeder seine Lieblings-CD dabeihatte, denn die Anlage, die Stefan dabeihatte, funktionierte zwar 40 mit Batterien, aber an die hatte natürlich auch keiner gedacht.
Zu guter Letzt gab jeder dem anderen die Schuld für sämtliche Versäumnisse.

1 Wie könnte ein Streitgespräch zwischen den einzelnen Schülern aussehen? Schreibe einen passenden Dialog auf und spiele ihn mit einigen Mitschülern nach.

2 Welche Fehler haben die Schüler der Klasse 7b gemacht? Erstelle eine Fehlerliste.

Fehlerliste
1. Schüler haben nicht eindeutig geklärt, wo die Klassenfete stattfinden soll.
2. ?

3 Was muss getan werden, um ein Klassenfest gut und reibungslos zu organisieren?

4 Fünf Schülerinnen durften nicht zur Klassenparty, weil keine Aufsichtsperson anwesend war. Wie könnte man diesen Umstand ändern?

5 Verfasse mit zwei Mitschülern einen Elternbrief, der die Erziehungsberechtigten über die bevorstehende Klassenparty informiert.

6 Organisationsteams, die je einen Bereich der Vorbereitungen abarbeiten, erleichtern die gesamte Planung. Für welche Bereiche braucht man ein Team? Erstelle eine Tabelle nach folgendem Muster:

Organisationsteam	Mitglieder
Auswahl Partyort	?
	?

7 Kommunikation ist die „halbe Miete" bei den Vorbereitungen einer Party mit unterschiedlichen Aufgaben. Deshalb benötigt jede größere Gruppe, die ein Fest plant, einen Organisationsleiter, bei dem alle Informationen zusammenlaufen. Dieser muss wiederum einen Vorbereitungsplan für alle verfassen und diesen verteilen.
Du bist jetzt der Organisationsleiter für das Klassenfest der 7b und schreibst diesen Vorbereitungsplan. Achte darauf, alle wichtigen Punkte zu berücksichtigen.

8 Plant in der Klasse ein Sommerfest und versucht die Fehler der Klasse 7b zu vermeiden.

4 Feste feiern

„Man soll die Feste feiern, wie sie fallen ..."

Ostern – Die Auferstehung Jesu

Ostern ist für gläubige Christen das wichtigste Fest des Jahres. In der Woche vor Ostern, sie wird auch „Karwoche" genannt, denken die Christen an die Leiden Christi. Diese Woche wird auch als „Passionszeit" bezeichnet. Dieser Zeitabschnitt beginnt am letzten Sonntag vor Ostern, dem Palmsonntag, der an den Einzug Jesu in Jerusalem erinnert, als er wie ein Messias mit Palmzweigen begrüßt wurde. Am Karfreitag gedenken die Christen der Kreuzigung, des Todes und der Grablegung Christi. Am Ostersonntag feiern sie das Fest der Auferstehung von den Toten. Die 40 Tage vor Ostern, die Fastenzeit, die mit dem Aschermittwoch beginnt, sind dem Gebet und der Besinnung vorbehalten.

Am Abend vor Ostern feiern die Christen in Jerusalem das „neue Licht" mit Kerzen. Die Kerzen werden von Hand zu Hand weitergereicht und die Kirche verwandelt sich in ein Lichtermeer.

Tod und Auferstehung Jesu

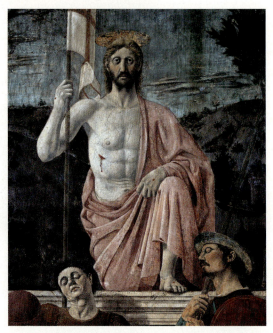

Weil die jüdischen Hohepriester in Jesus eine Bedrohung ihres Glaubens sahen, klagten sie ihn beim römischen Statthalter wegen Gotteslästerung an. Obwohl dieser ihn für unschuldig hielt, wurde Jesus wegen Aufruhrs gegen den Kaiser in Rom zum Tode am Kreuz verurteilt. Nach seinem Tod wurde er vom Kreuz abgenommen und sein Leichnam in eine Grabhöhle gelegt, die mit einem großen Stein verschlossen wurde. Als am dritten Tag einige Frauen sein Grab besuchten, sahen sie, dass der Stein weggerollt und der Leichnam verschwunden war. An seiner Stelle erschien ein Engel, der sagte: „Was suchet ihr den Lebendigen bei den Toten? Er ist nicht hier, er ist auferstanden." (Lk 24,5–6)

1 *Gib die Bedeutung des christlichen Osterfestes wieder.*

2 *Welche Feste feierst du im Jahresverlauf? Nimm einen Kalender zu Hilfe und erstelle eine Liste.*

Ostern und Pessach

Das Fest der Auferstehung Jesu Christi steht in unlöslichem Zusammenhang mit dem jüdischen **Pessachfest**. Beim Pessachfest geht es um die Erinnerung an den Auszug der Juden aus Ägypten, also die Befreiung aus der Sklaverei. Dies hat v. a. den Grund, dass der Tod Jesu nach dem Zeugnis des Neuen Testaments auf das jüdische Pessachfest fällt. Die christliche Tradition hat darüber hinaus auch inhaltliche Elemente aufgenommen und auf Jesus bezogen. Dazu gehört das Symbol des Opferlamms (Juden schlachten zum Gedenken an Gott ein Lamm), im Besonderen gilt aber Pessach ebenso wie Ostern als Fest der Befreiung – dort von der ägyptischen Knechtschaft, hier vom Tod.

2 *Erkläre den Zusammenhang zwischen dem christlichen Osterfest und dem jüdischen Pessachfest.*

3 *Informiere dich genauer über das Pessachfest.*

Ostern als heidnisches Frühlingsfest

Schon in vorchristlicher Zeit feierten die Menschen Frühlingsfeste, wenn nach dem Winter die Tage wieder länger wurden. In vielen nicht christlichen Religionen wird die Sonne als Lichtspender und göttliche Fruchtbarkeitsquelle verehrt und bei Frühlingsfesten mit unterschiedlichen Bräuchen gefeiert. So ist besonders der Brauch des Osterfeuers hervorzuheben, mit dem im Frühjahr die Sonne begrüßt wird; diese Feuer galten als Kult zur Sicherung der Fruchtbarkeit, des Wachstums, der Ernte etc.

Die Tradition der Ostereier und Osterhasen ist im deutschen Sprachraum erst seit dem 17. Jahrhundert belegt. Im orthodoxen Griechenland oder Russland ist diese Tradition schon länger nachweisbar. Der Osterhase als Eierbringer ist auf protestantische Ursprünge zurückzuführen.

4 *Welche anderen Osterbräuche kennst du? Wie wird in deiner Familie Ostern gefeiert?*

5 *Auch in anderen Ländern gibt es Osterbräuche. Informiere dich darüber im Internet.*

Muttertag

Der Muttertag ist ein Feiertag zu Ehren der Mutter und der Mutterschaft. Seit dem 20. Jahrhundert hat er sich in der westlichen Welt etabliert. In Deutschland wird er am zweiten Sonntag im Mai gefeiert.

1 Wie verbringst du mit deiner Familie den Muttertag?
Vergleiche die Verschiedenheiten und das Gemeinsame innerhalb deiner Klasse.

Woher kommt der Muttertag?
Schon die alten Römer und Griechen widmeten den Müttern ihrer Götter Festivitäten, und in England gab es bereits im 16. Jahrhundert einen „mothering day", an dem die ganze Familie gemeinsam die Kirche besuchen konnte, da die Mütter sozusagen auch frei bekamen und nicht kochen mussten. Aber am Ende war es ein amerikanisches Mädchen namens Anna Jarvis, dessen Mutter früh verstorben war, das erstmals 1907 einen Tag forderte, an dem der Mutter gedacht werden sollte. Diese Idee machte Karriere und schon 1914 wurde durch den amerikanischen Kongress die „Mother's day bill" verabschiedet und prompt zum amerikanischen Staatsfeiertag erklärt.
In Deutschland wurde dieser Tag zur Ehrung der Mutter auch aufgegriffen, doch seine Verbreitung hielt sich in Grenzen, bis im Jahre 1923 der „Verband deutscher Blumengeschäftsinhaber" die Muttertagsidee aufgriff. Der Verband unterstützte – ganz im Sinne der konservativ gesinnten Bevölkerung – den „Deutschen Muttertag". Es sollte der Tag sein, an dem die Mütter von ihren Kindern oder Ehemännern Blumen geschenkt bekamen. Während der Zeit des Nationalsozialismus wurde der Muttertag ein offizieller Feiertag.
Inzwischen gibt es ihn fast weltweit, allerdings zu unterschiedlichen Zeiten:
- 8. März in Russland
- 12. August in Thailand
- 22. Dezember in Indonesien
- letzter Sonntag im Mai in Frankreich und Schweden

In den USA werden die Ausgaben für den Muttertag nur noch zu Weihnachten übertroffen (durchschnittlich 100 € pro beschenkte Mutter).

2 Lies dir die Geschichte des Muttertags gut durch und fasse sie in eigenen Worten zusammen.

3 Selbst die Erfinderin Anna Jarvis kritisierte die Entwicklung des Tages zu Ehren der Mutter sehr. Warum könnte sie ihre eigene Erfindung für schlecht erachten?

4 Wie könnte man den Muttertag anders gestalten als einfach Blumen zu kaufen?
Erstellt gemeinsam eine Liste.

Halloween

1 Wann wird Halloween gefeiert? Was könnten die Menschen mit diesem Fest bewirken wollen?

Früher wurde Halloween (vom Englischen *All Hallows Eve*: Vorabend von Allerheiligen) nur in katholisch gebliebenen Gebieten der britischen Inseln gefeiert, v. a. in Irland. Es geht, wenn auch historisch nicht einwandfrei belegt, auf ein Fest für den keltischen Totengott Samhain zurück, um vor dem Winteranfang die Geister und Dämonen mit Opfern, Feuer und Maskerade zu vertreiben. Halloween gelangte mit irischen Auswanderern im 19. Jahrhundert in die USA und gehörte dort zur Folklore dieser Volksgruppe. Aufgrund seiner Attraktivität wurde der Brauch bald von Kindern anderer Einwanderer übernommen und entwickelte sich in Kanada und den USA zu einem richtigen Volksfest.
Aus Nordamerika kam dann der Brauch des Halloweenfestes nach dem Zweiten Weltkrieg zurück nach Europa, wo er stark kommerzialisiert und vielfach in veränderter Form gefeiert wird. So hat die neu-europäische Variante des Festes eine eher fröhliche und ausgelassene Seite, während in den USA und Kanada der schauderhafte und gruselige Charakter überwiegt. In Nordamerika werden Schulzimmer und Rathausplätze mit Halloween-Accessoires geschmückt, wohingegen sich das Ganze in Europa eher in privaten Räumen abspielt. Auch der Brauch von „Trick or Treat" (Süßes oder Saures) ist in Europa nicht so verbreitet wie in Amerika.
Zu Halloween gibt es bei Kindern, aber auch bei Erwachsenen den Brauch des Verkleidens. Populäre Kostüme sind Hexen, Geister, Vampire, Fledermäuse, Skelette, Kürbisse etc. Die Häuser werden mit Partygirlanden, ausgehöhlten Kürbissen und Lichterketten geschmückt.
Halloween findet im deutschsprachigen Raum eine immer größere Verbreitung, denn dieses Fest ist im Handel bereits nach Weihnachten das umsatzstärkste Fest.

2 Was ist das im Text erwähnte Fest Allerheiligen? Informiere dich im Internet oder in einem Lexikon.

3 Fasse zusammen, wie sich Halloween verbreitet hat. Vielleicht hast du auch Lust, einen Comic daraus zu machen.

4 Im Text wird erwähnt, dass Halloween nach Weihnachten das zweitwichtigste Fest ist. Erkläre die Bedeutung dieser Aussage und vergleiche sie mit deiner eigenen Erfahrung.

5 Wie könnte man gerade in dieser Zeit sinnvoller mit dem Geld umgehen, das für Halloween-Artikel ausgegeben wird?

Weihnachten

Weihnachten light – ohne Stress im Club Dolorosa

Unser Familienrat, drei Kinder mit Stimmrecht, zwei Erwachsene mit Sperrminorität, hatte es im Herbst beschlossen: In diesem Jahr kein Weihnachtsstress und keine Orgie im Geschenkpapier! Keine fette Gans, die drei Tage schwer im Magen liegt! Keine Pflichtbesuche bei Verwandten! Kein Schmuddelwetter, keine kalten Füße! Und nach dem Fest sogar noch etwas Extrafreizeit: Wer nichts geschenkt bekommt, braucht schließlich auch nichts umzutauschen!

„Weihnachten light in südlichen Gefilden", hieß folgerichtig der Beschluss. Wir entschieden uns für eine Clubanlage auf Mallorca. Im Trubel des Ferienclubs, so glaubten wir, könnten weihnachtliche Seelenkrisen gar nicht erst entstehen. Denn immerhin hatten sich bei uns über die Jahre hinweg lieb gewonnene Rituale entwickelt: das Baumschmücken mit Kindern, der Weihnachtsgottesdienst, die Bescherung und all die Telefonanrufe am Heiligen Abend: frohes Fest hier, fröhliche Weihnachten dort – kurzum: Plötzlich waren wir unserer Pläne gar nicht mehr so sicher. Dass wir dann trotzdem buchten, daran hatte unsere Nachbarin die Schuld.

„Wir fliegen nach Mallorca!", hatte ich voreilig im Hausflur geprahlt, dann aber mit Genugtuung registriert, wie sich ihr Gesicht zu einem neidischen Lächeln verzog. „Die Welt ist klein", hatte sie erwidert und mir dann erzählt, dass sie das Fest der Feste vor zwei Jahren ebenfalls auf Mallorca zugebracht habe, sogar in eben jener Clubanlage, die uns vom Weihnachtsstress erlösen sollte.

Unser Ferienclub hieß „Dolorosa" und unsere Animateure hörten auf die Namen Ernie und Evi. Sie empfingen uns im Club mit einem Kuss auf die Wange, einem „Christmas-Cocktail" und dem Befehl: „Fühlt euch wie zu Hause!"

Dass dieser keine leere Drohung enthielt, ahnten wir schon in der Eingangshalle, wo uns ein meterhoher Weihnachtsmann begrüßte. Er war nicht importiert, er war aus Plastik, behängt mit einer Lichterkette, die unaufhörlich blinkte. Ernie und Evi waren rührend um uns besorgt. Weihnachten sei ein Fest der kleinen Geschenke, säuselte Evi am nächsten Morgen. Schenken sei ein hübscher Brauch, auch und gerade hier im Club. Dann präzisierte sie, was sie mit ihrer Rede meinte: „Zimmer 8 beschenkt Zimmer 9, Zimmer 9 Nummer 10, und ratet mal, wen Zimmer 10 beschenkt! Genau, Zimmer 11! Geschenke könnt ihr übrigens im Club-Shop kaufen!"

Am Heiligen Abend weckten Ernie und Evi uns mit Weihnachtsliedern. Vormittags zwangen sie uns einen Wettbewerb im Zimtsternbacken auf. Mittags gab es Weihnachtsgans, die mir drei Tage lang schwer im Magen lag, danach war Weihnachtslieder-Karaoke angesagt. Ich durfte zu „White Christmas" auf die Bühne. Und die Kinder blieben übrigens den ganzen Tag verschwunden. Wir wähnten sie beim Minigolf, im Bastelzimmer oder auf dem Tennisplatz.

Ein Kostümball krönte den Heiligen Abend. Jeder durfte sich aus einer Kleiderkiste etwas wählen. Ich fühlte mich in meinem Clownkostüm den ganzen Abend über falsch verkleidet. Zählte ich doch fünfzehn Rauschgoldengel, zwölf Nikoläuse und dreizehn Weihnachtsmänner mit Rauschebart und Rute. Als der Preis für das beste Kostüm, eine Dose Tannenduftspray, vergeben war, tauschten wir die Geschenke aus und hüpften dann zu „Jingle Bells" in einer Polonaise durch den Club. Die Polonaise führte uns auch in den Fernsehraum. Hier saßen unsere Kinder, verspeisten tütenweise Marzipankartoffeln und schauten sich das deutsche Satellitenfernsehen an.

Das Lächeln unserer Nachbarin – irgendwann an diesem viel zu langen Heiligabend fiel es mir urplötzlich wieder ein. Damals hatte ich auf Neid getippt, jetzt ahnte ich den Irrtum: Unsere Nachbarin hatte nicht aus Neid gelächelt, sie hatte schadenfroh gegrinst! Wusste sie doch damals schon, was uns im „Club Dolorosa" auf Mallorca blühte ...

Alfred Krüger

1 *Wie feiert die Hauptfigur dieser Geschichte Weihnachten?*

2 *Worin liegen die Gemeinsamkeiten und die Unterschiede der Weihnachtsfeierlichkeiten im Club Dolorosa und der bei uns in Deutschland?*

3 *Wie würdest du am liebsten Weihnachten feiern?*
Sprich mit deinen Mitschülern darüber.

4 *Was sind die eigentlichen Beweggründe, Weihnachten zu feiern?*
Informiere dich über die Hintergründe der Weihnachtsgeschichte.

4 Feste feiern

Andere Länder – andere Sitten!

Wladimir, 13 Jahre, Moskau: Bei uns in Russland wird Weihnachten erst am 31. Dezember gefeiert. Aber Väterchen Frost bringt uns immer schöne Geschenke.

Jason, 12 Jahre, New York: Bei uns in Amerika findet X-mas am 25. Dezember statt. Santa Claus bringt uns früh am Morgen unsere Geschenke durch den Kamin. Wir stellen ihm immer Kekse und Milch zur Stärkung hin. Am Morgen sind wir schon mächtig aufgeregt und suchen unsere Geschenke. Anschließend wird bei uns mit der ganzen Familie gegessen und dann gehen wir meist zu einer X-mas-Parade.

Maria, 14 Jahre, Kreta: Wir in Griechenland ziehen am 24. Dezember singend mit Trommeln durch die Straßen und bekommen dafür kleine Geschenke, dann wird zwölf Nächte lang ein großes Weihnachtsfeuer entzündet als Schutz gegen die Kobolde Kalikanzari, und in der Sylvesternacht legt uns der heilige Vassilius die Geschenke vor unser Bett. Ganz toll ist auch der Kuchen, den es am nächsten Tag gibt. Da ist nämlich ein Goldstück eingebacken, und wer es in seinem Stück findet, hat das kommende Jahr ganz viel Glück.

Chiara, 13 Jahre, Verona: In Italien ist die Krippe am wichtigsten. Alle Nachbarn wetteifern um die schönste „presepio". Am Heiligen Abend spielen wir immer Bingo, eine Art Familienlotterie. Jeder zieht aus seinen Säckchen die Nummer seines Geschenkes. Das macht richtig viel Spaß! Am 6. Januar kommt die alte, hässliche Hexe Befana mit ihrem Besen und bringt den braven Kindern Geschenke und den bösen ein Stückchen Kohle.

Angelika 14 Jahre, München: In Deutschland …

1 Ergänze den Text von Angelika, indem du dir überlegst, wie in Deutschland gewöhnlich Weihnachten gefeiert wird.
2 Vergleiche die Aussagen der Jugendlichen aus den anderen Ländern miteinander. Worin erkennst du die Unterschiede, wo findest du Gemeinsamkeiten?
3 Finde noch weitere Beispiele, wie Weihnachten in anderen Staaten gefeiert wird.
4 Wie erklärst du dir, dass überall auf der Erde Kinder zu Weihnachten Geschenke bekommen?

5 Erwachsen werden

„Ich möchte hoch hinaus!"

5 Erwachsen werden

Meine Lebensplanung

Pippi Langstrumpf

2 x 3 macht 4
Widdewiddewitt und drei macht neune!!
Ich mach mir die Welt
Widdewidde wie sie mir gefällt ...

Hey – Pippi Langstrumpf
trallari trallahey tralla hoppsasa
Hey – Pippi Langstrumpf,
die macht, was ihr gefällt.

2 x 3 macht 4
Widdewiddewitt und drei macht neune!!
Ich mach mir die Welt
Widdewidde wie sie mir gefällt ...

Hey – Pippi Langstrumpf
trallari trallahey tralla hoppsasa
Hey – Pippi Langstrumpf,
die macht, was ihr gefällt.

3 x 3 macht 6 – widdewidde
Wer will's von mir lernen?
Alle Groß und Klein – trallalala lad ich zu mir ein.

Ich hab ein Haus,
ein kunterbuntes Haus,
ein Äffchen und ein Pferd,
die schauen dort zum Fenster raus.
Ich hab ein Haus,
ein Äffchen und ein Pferd,
und jeder, der uns mag,
kriegt unser 1 x 1 gelehrt.

Text: Elfers, Konrad/Johannson, Jan/Franke, Wolfgang · Filmkunst Musikverlag, München

1 Suche im Internet ergänzende Informationen zu Pippi Langstrumpf.

2 Lies die Zeilen des Liedes von Pippi Langstrumpf durch und arbeite mit deinem Partner heraus, wie Pippis Leben aussieht.

3 Vergleiche diese Welt mit deiner und finde die Unterschiede heraus.

4 Diskutiert in eurer Gruppe über Pippi Langstrumpfs Lebensvorstellung.

5 Erwachsen werden

Traum oder Wirklichkeit?

> Es genügt nicht, nur fleißig zu sein –
> das sind die Ameisen.
> Die Frage ist vielmehr:
> Wofür sind wir fleißig?
>
> Henry David Thoreau

Dafür?

1 Siehst du einen Zusammenhang zwischen dem Spruch von Thoreau und den Bildern?

2 Betrachte diese vier Bilder. Was möchtest du gerne erreichen?

5 Erwachsen werden

Ich möchte mal so werden wie mein Papa …

Jannick, 15 Jahre: „Mein Papa arbeitet in einer großen Firma. Darum muss er jeden Tag einen schicken Anzug tragen. Manchmal besucht er mit seinem tollen Geschäftswagen die Kunden. Wir wohnen in einem großen Haus mit Garten. Meine beiden Schwestern und ich haben jeweils ein eigenes Zimmer und ein extra Bad.

Meine Eltern sind sehr stolz auf meine schulischen Leistungen und fördern mich, wo immer sie können, und haben immer für mich Zeit. Ich bekomme alles, was ich für die Schule brauche, und bei guten Noten gibt's extra Taschengeld."

Mensch, bin ich froh, dass ich meine Eltern habe!

Jolina, 15 Jahre: „Meinen Papa kenne ich kaum, weil ich ihn nur in den Schulferien sehe. Er hat sich kurz nach meiner Geburt von meiner Mama scheiden lassen, weil er beruflich oft unterwegs war. Seitdem ist meine Mama alleinerziehend und voll berufstätig.

In den Ferien muss mein Papa mir oft absagen, weil er geschäftliche Termine hat. Wenn wir uns dann sehen, ist er oft unaufmerksam, ungeduldig und gereizt, sodass ich ihm von mir nichts erzählen kann und mag. Es interessiert ihn auch überhaupt nicht, wie es mir geht, egal ob Schule oder privat."

Gott sei Dank, habe ich meine Freunde, die immer da sind!

1 Jannick fühlt sich wohl. Inwiefern haben seine Eltern einen Anteil daran?

2 Welche Ziele könnte Jannick in seinem Leben anstreben?

3 Worin besteht der Unterschied zu den Verhältnissen in Jolinas Familie?

4 Beide werden vermutlich ihren Weg gehen und ihre Lebensziele erreichen. Erarbeite mit deinem Partner die einzelnen Punkte, die Jannick und Jolina auf ihrem Lebensweg weiterhelfen werden?

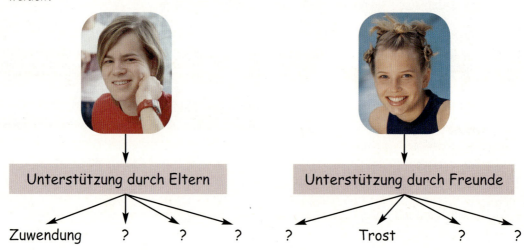

5 Erwachsen werden

Chancen und Grenzen

Was ist denkbar?

Sängerin Pink

Fußballspieler Bastian Schweinsteiger

Königin von England

Kinderreiche Familie

1 *Beschreibe diese Bilder.*

2 *Welches dieser Bilder spricht dich am meisten an?*

3 *Schreibe in Stichpunkten deine Vorstellungen über das Leben*
   – von Sängern,
   – von Sportlern,
   – von Adeligen,
   – von Familien
   auf.

4 *Fertige eine Collage zu Vorstellungen von deinem Leben an.*

5 Erwachsen werden

Was ist machbar?

5 a) Diskutiert im Sitzkreis eure Collagen und erstellt gemeinsam an der Tafel oder auf einem Plakat folgende Tabelle.

Beispiel:

Wünsche	Voraussetzungen für die Erfüllung
– Auto	– Führerschein
	– Geld
– Haus	– einen guten Beruf, Geld
– Freunde	– …
– Gesundheit	– …
– …	
– …	

b) Bei welchen eurer Wünsche könnten eure Grenzen erreicht werden? Warum?

6 a) Stelle mithilfe deiner Collage die für dich in den nächsten Jahren (5–10 Jahre) umsetzbaren Wünsche dar, indem du diese grün umrandest und miteinander verbindest.

b) Greif diese Wünsche nochmals auf und verbinde sie Sprosse für Sprosse zu einem Endziel hin. Diese Leiter musst du in Zukunft gehen, um deine Ziele zu erreichen.

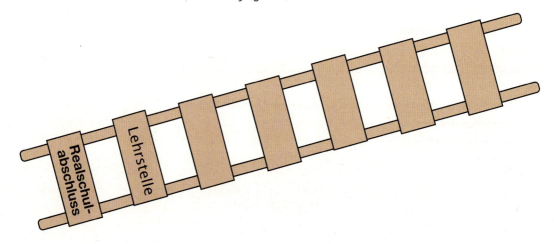

Selbst- und Fremdeinschätzung

Wie sehe ich mich?

1. *Erkläre das Bild.*

2. *Wenn du in den Spiegel siehst, blickt dir*
   – ein Adler,
   – eine Ziege,
   – ein Elefant … entgegen?
   Überlege dir, mit welchem Tier du dich identifizieren könntest.

3. *Erkläre anhand der Eigenschaften des Tieres, warum du glaubst, dass dieses deine Persönlichkeit widerspiegelt.*

4. *Setzt euch eurem Partner gegenüber und verwendet ein Blatt Papier als „Spiegel". Jeder von euch zeichnet in groben Umrissen das Tier mit entsprechenden Eigenschaften, von dem ihr glaubt, dass es euren Partner darstellt. Achtet darauf, dass es nicht beleidigend wird. Haltet euch dann gegenseitig euren Spiegel vor und besprecht, ob das Spiegelbild zutreffend ist.*

5. *Spielidee: Mischt im Sitzkreis die „Tierspiegel". Jeder darf einen Spiegel einem Mitschüler zuordnen, den er für zutreffend hält.*

Was macht mich stark?

1 *Wann fühlst du dich stark? Überlege dir weitere Sätze nach deiner eigenen Vorstellung von Stärke.*

> Ich fühle mich stark, wenn ich coole Klamotten anhabe.

> Ich fühle mich stark, wenn ich im Fußballverein ein Tor geschossen habe.

> Ich fühle mich stark, wenn ich …

2 *Klassenpuzzle: Nehmt ein großes Plakat zur Hand und schneidet es in so viele Puzzleteile, wie ihr Mitschüler seid. Jeder bekommt ein Puzzleteil. Die Mädchen bemalen ihres rot und die Jungen ihres blau. Anschließend überlegt sich jeder von euch einen Schwerpunkt, der ihn/sie stark/selbstbewusst macht, und schreibt ihn auf sein Puzzleteil. Zum Schluss werden die Puzzleteile zusammengeklebt und im Klassenzimmer aufgehängt.*

3 *Fasse die Kriterien von Jungen und Mädchen in einer Tabelle zusammen.*

Starke Jungen	Starke Mädchen
– sportlich aktiv	– schicke Klamotten
– cool rumstehen	– mit bester Freundin
– …	– …

4 *Erarbeite nun anhand der Tabelle, worin*
   a) *der Unterschied*
   b) *die Gemeinsamkeiten bei den Interessen*
zwischen Jungen und Mädchen bestehen.

Wie siehst du mich?

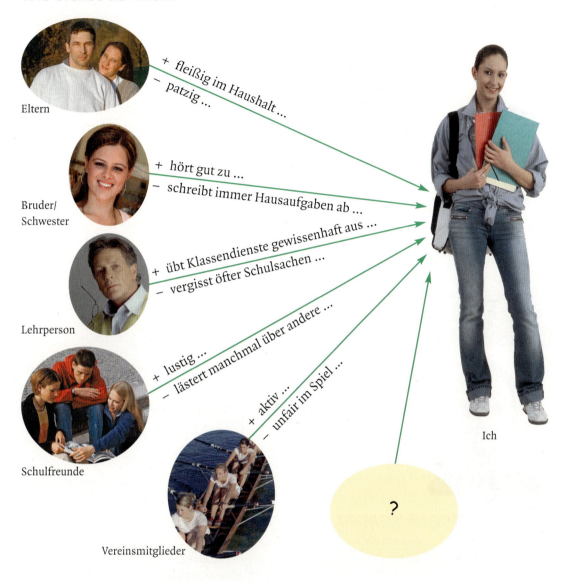

1 *Auf den Blickwinkel kommt es an, oder? Nimm mithilfe der Grafik dazu Stellung.*

2 *Übertrage die Grafik in dein Heft und ergänze sie mit weiteren Personen aus deinem Umfeld, z. B. Cousin, Nachbar, Onkel ... Finde jeweils drei Punkte, die diese Personen dir zuordnen könnten.*

3 *Spielidee: DIE LOBRUNDE*
Alle stellen sich hintereinander auf und legen beide Hände auf die Schultern des Vordermannes. Dann überlegt sich jeder ein Lob für seinen Vordermann und klopft ihm anerkennend abwechselnd auf die linke und rechte Schulter, während er ihn lobt.

4 *Besprecht anschließend im Sitzkreis, wie ihr euch dabei gefühlt habt.*

Was Jugendlichen wichtig ist?

Was ist für dich cool?

Enrico, 15: Mädchen mit bauchfreien Tops finde ich echt lässig. Deshalb stehe ich auch so auf den Sommer. Endlich mal wieder inlinen, mit meinen Kumpels draußen abhängen und den Mädchen nachschauen. Nicht immer gelangweilt im Zimmer hocken und blöd in die Glotze starren.

Rüya, 14: Kennst du die neue CD von Rihanna? Die finde ich richtig heiß. Megastark aufgedreht bringt's die voll krass. Der Sound lässt mich so richtig zittern. Laute Musik und 'ne gute Show finde ich richtig cool. Ich tanze für mein Leben gern.

Julian, 16: Ey, Mann, was für 'ne Frage. Mucke finde ich geil. Meine Eltern wissen überhaupt nicht mehr, was heute für 'nen Sound in ist und wo die fetten Partys steigen. Nur wer da abhängt, ist richtig cool.

1 *Finde weitere Beispiele, was für dich als angesagt gilt.*

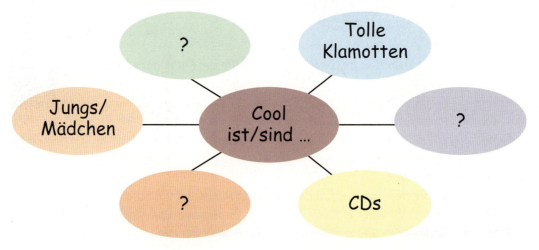

2 *Diskutiert in der Gruppe über eure Beispiele. Seid ihr euch über die Dinge einig?*

3 Wenn ihr eure Eltern fragen würdet, was sie für cool halten, würde dabei dasselbe herauskommen?

Vermutlich nicht, daher spricht man von einer Jugendkultur.

> **Janos Burghardt (Chefredakteur des Jugendmagazins „YAEZ") erklärt den Begriff „Jugendkultur":**
> Die Werte, Einstellungen und Verhaltensweisen, durch die sich Jugendliche von älteren Generationen unterscheiden, nennt man Jugendkultur. Diese existiert unabhängig von anderen Kulturen in der Gesellschaft. Jugend ist für mich der Lebensabschnitt von 15 bis 25 Jahren. Eine ganze Jugendkultur hält sich in der Regel jedoch länger als 10 Jahre.

4 Schreibe deine eigene Definition auf, was für dich einen Jugendlichen ausmacht.

Mode im Wandel

Mittelalter
ca. 800–1500

Barock und Rokoko ca. 1600–1780

Gründerzeit
um 1900

um 1950

1 Betrachte die Bilder und beschreibe, wie sich die Mode verändert hat.

2 Wie sieht die Mode von heute aus? Beschreibe sie in kurzen Sätzen.

3 Fertige eine Collage aus verschiedenen Modemagazinen an, was heute Mode ist.

Musik für jedermann?

*Aus dem Kopfhörer die Musik dröhnt,
dein Nebenmann vor Ärger stöhnt!*

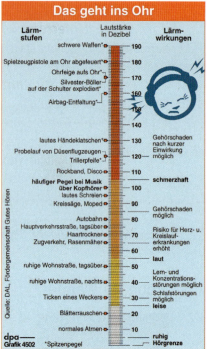

1 Was sagt dieses Bild aus?

2 Kennst du eine solche Situation?

> **Lärmwarnung für Jugendliche**
> Jeder vierte Jugendliche leidet an Hörverlust. Diese erschreckende Zahl bewegte Gesundheitsministerin Ulla Schmidt (SPD) dazu, Jugendliche vor den zerstörerischen Folgen von Lärm zu warnen, durch den sie sich immer mehr selber schädigen. „Wir wollen und können nicht warten, bis der Lärm sich schädlich ausgewirkt hat, sondern wir möchten so früh wie möglich bei Kindern und Jugendlichen Lärmschäden vorbeugen", sagte Ulla Schmidt. Laut Schätzungen werden die Jugendlichen als 40-Jährige bereits so schlecht hören wie die heute 60-Jährigen. Die Ursachen dafür umfassen gesteigerte Lärmpegel von Discos, Musik und – bei Kindern – Spielzeug, berichtet die Bundeszentrale für gesundheitliche Aufklärung.

3 Laute Musik im Ohr ist für die meisten Jugendlichen toll, warum eigentlich nicht auch für die Erwachsenen?

4 a) Erstelle eine Liste der Musik, die deine Eltern oder ältere Bekannte hören.
   b) Bring einige CDs deiner Eltern mit und hört sie euch in der Klasse an.

5 Was fällt euch auf, z. B. Rhythmus, Sprache, Melodie usw.?

Persönliche Lebensziele

Das möchte ich erreichen

Heidi Klum, geboren 1973 in Bergisch-Gladbach, ist das erfolgreichste deutsche Model. Als Schülerin gewann sie einen Wettbewerb, nach dem Abitur zog sie nach New York und wurde durch ein Titelbild bekannt. Heidi Klum lebt in New York und hat eine kleine Tochter und zwei Söhne. Sie träumt davon, ihre Träume nicht zu verlieren.

„Ich bin zu einem Produkt geworden, das stets gehegt und umworben werden will. Über mein eigenes Leben habe ich noch nicht viel herausgefunden."

Heidi Klum

1 *Dieses Model hat ihr (berufliches?) Ziel erreicht. Welches ist dein persönliches Ziel? Geld, Glück, Arbeit, Familie ...?*

„Nie glücklich ist, wer ewig dem nachjagt, was er nicht hat; und was er hat, vergisst."

William Shakespeare

2 *Erkläre mit deinem Partner zusammen das Zitat von W. Shakespeare.*

3 *Stimmst du ihm zu oder bist du anderer Meinung? Begründe deine Antwort.*

4 *Versuche den Spruch von W. Shakespeare so umzuformulieren, dass du es als Motto für dein persönliches Lebensziel verwenden kannst.*

Beispiele:
Gute Noten ⟶ Ohne Fleiß kein Preis
Gesunde Ernährung ⟶ Fast Food macht mollig und nicht zum Model.

Blick über den Tellerrand: Andere Kulturen – andere Bräuche

Die Ureinwohner Grönlands sind die Eskimos. Sie selbst nennen sich Inuit. Das ist Paka, sie ist 15 Jahre alt: „Ich stehe jeden Morgen bereits um 5 Uhr auf, ziehe mir dicke Fellkleidung an, heize den Ofen in unserer kleinen Holzhütte vor, schmelze etwas Eis für den Tee und wecke meine drei Geschwister. Manchmal gehe ich mit meinem Vater in die Kälte hinaus, und wir schlagen ein Loch in die dicke Eisschicht, um einen Fisch zu angeln. Danach setze ich mich an den Computer, um an der „Fernschule" teilzunehmen. Hauptsächlich essen wir gekochtes oder getrocknetes Fleisch oder Fisch und Seehundspeck. Dazu essen wir Reis, der mit Schiffen nach Grönland gebracht wird."

Joyce, 14 Jahre, aus den USA: „Ich verbringe täglich fast 10 Stunden in der Schule. Jeden Tag Singunterricht in einem großen Chor, jeden Tag Schauspielstunde, Mitgliedschaft im Drama- und Schachclub und tägliches Volleyballtraining. Die Regeln sind streng: Wer viermal auch nur eine Minute zu spät kommt, hat eine Konferenz beim Schulleiter; wegen Nichteinhaltung der Kleiderordnung (man darf z. B. keinen Bauch sehen) wird man nach Hause geschickt. Fastfood steht auf der Tagesordnung.

In Japan ist Bildung sehr, sehr wichtig. Viele Schüler mit Schulabschluss bereiten sich ein ganzes Jahr auf die Aufnahmeprüfung an den Universitäten vor.
Die Kleiderordnung an japanischen Schulen ist sehr streng. Früher mussten Buben in schwarze Uniformen mit Messingknöpfen schlüpfen. Heutzutage dürfen sie schon Blau tragen und im Sommer sogar kurze Hosen. Mädchen tragen Marineblau und meistens Faltenröcke mit Blusen. Japanische Schulkinder putzen ihre Schule selbst. Sie müssen ihre Klassenräume, Gänge, Spielplätze und Toiletten in Ordnung halten.

1 *Würdest du in einer dieser Kulturen leben wollen? Begründe deine Antwort.*

2 *Beschreibe in kurzen Sätzen den Alltag in deiner Kultur.*

3 *Worin unterscheidet sich dein Leben zu dem der Inuits, des Amerikaners, des Japaners?*

4 *Wähle eines der drei Beispiele aus und erstelle ein Kurzreferat über die jeweiligen Bräuche des Landes.*

10 Gebote: out – Okkultismus: in?

Mireille: Hey Leute, was geht denn hier ab?

Matze: Wir probieren gerade was aus. Wir haben auf dem Dachboden ein Buch über Okkultismus gefunden.

Ines: Mach doch mit, dann kannst du auch ein paar Fragen an den Geist stellen.

Mireille: Geist, das klingt ja gruselig. Erklär mal, was man da machen muss.

Ines: Also, beim Gläserrücken berührt jeder mit einem Finger das umgedrehte Glas. Wie du siehst, haben wir im Kreis um das Glas die Buchstaben des Alphabets und die Zahlen von 0 bis 9 geschrieben. Wenn du nun eine Frage an den herbeigerufenen Geist stellst, bewegt sich das Glas zu den Buchstaben und es entstehen Wörter und Sätze.

Okkultismus:

Als okkult (lat. verborgen) werden solche übersinnlichen Lehren und Praktiken bezeichnet, die wissenschaftlich nicht erklärbar sind. Okkultisten gehen davon aus, dass die Welt durch verborgene geistige Energien gelenkt wird. Schon im Mittelalter gab es okkulte Bewegungen. Am Ende des 19. Jahrhunderts wurden sie fast zu einer Modeerscheinung. Gegenwärtig ist Okkultismus besonders bei Jugendlichen verbreitet.

Mireille hat ein mulmiges Gefühl, als sie sich dem Tisch nähert.

1 *Wie könnte sich Mireille entscheiden? Überlege dir zusammen mit deinem Partner drei Möglichkeiten, wie sich Mireille verhalten könnte.*

2 *Stelle die Möglichkeiten in einem Rollenspiel mit deinem Partner dar.*

3 *Hast du schon ähnliche Erfahrungen wie Mireille gemacht? Wenn ja, schildere sie kurz.*

4 Welche Gründe könnte es geben, dass immer mehr Jugendliche vom Okkultismus fasziniert sind?

Mireille setzt sich an den Tisch dazu und stellt die Frage, ob es ihrer verstorbenen Oma gut geht. Das Glas wandert, und als Antwort ergibt sich das Wort „Nein". Mireille wird blass.

5 Wie könnte sich Mireille jetzt fühlen?

6 Überlegt in euren Gruppen, welche Gefahren solche Spiele bergen können. Stellt diese in einem Cluster dar.

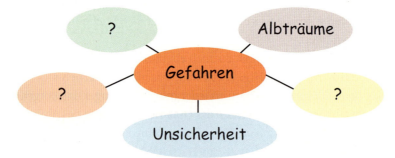

7 Befrage deine Mitschüler, wie sie Probleme im Leben mithilfe ihrer Religionen lösen.

Der christliche Glaube bietet zum Beispiel die Zehn Gebote als Lebenshilfen an.

1. Du sollst keine anderen Götter haben neben mir.
2. Du sollst den Namen des Herrn nicht missbrauchen.
3. Du sollst den Feiertag heiligen.
4. Du sollst deinen Vater und deine Mutter ehren.
5. Du sollst nicht töten.
6. Du sollst nicht ehebrechen.
7. Du sollst nicht stehlen.
8. Du sollst nicht falsch Zeugnis reden.
9. Du sollst nicht begehren deines Nächsten Haus.
10. Du sollst nicht begehren deines Nächsten Weib.

Sekten – eine Welt für sich

Eine **Sekte** (lat.: *sequi* = folgen; Folge, Richtung, Denkweise, Schule) bezeichnet im wissenschaftlichen Sprachgebrauch häufig eine kleinere religiöse Gruppe, die im Widerspruch zu ihrer Umgebung sowie insbesondere bekannten Religionen wie z. B. Christentum, Islam oder Judentum steht.

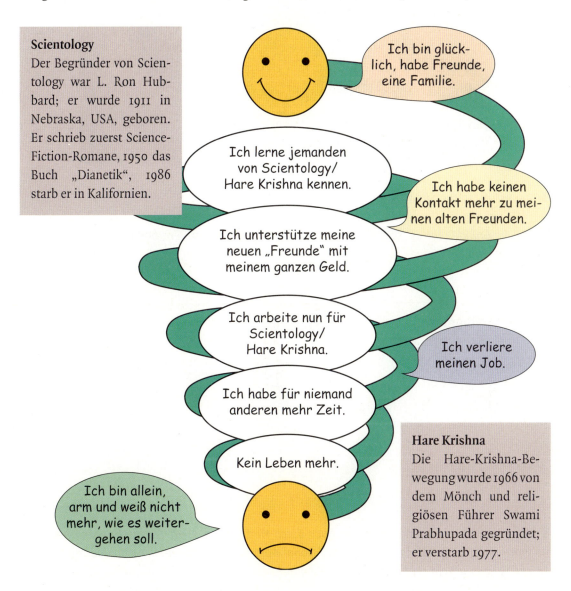

Scientology
Der Begründer von Scientology war L. Ron Hubbard; er wurde 1911 in Nebraska, USA, geboren. Er schrieb zuerst Science-Fiction-Romane, 1950 das Buch „Dianetik", 1986 starb er in Kalifornien.

Hare Krishna
Die Hare-Krishna-Bewegung wurde 1966 von dem Mönch und religiösen Führer Swami Prabhupada gegründet; er verstarb 1977.

- Ich bin glücklich, habe Freunde, eine Familie.
- Ich lerne jemanden von Scientology/Hare Krishna kennen.
- Ich habe keinen Kontakt mehr zu meinen alten Freunden.
- Ich unterstütze meine neuen „Freunde" mit meinem ganzen Geld.
- Ich arbeite nun für Scientology/Hare Krishna.
- Ich verliere meinen Job.
- Ich habe für niemand anderen mehr Zeit.
- Kein Leben mehr.
- Ich bin allein, arm und weiß nicht mehr, wie es weitergehen soll.

1 Beschreibe die verschiedenen Stationen, die jemand durchläuft, wenn er sich einer Sekte anschließt.

2 Viele Menschen folgten in ihrer Not einer Sekte. Diskutiert darüber, ob dies eine Hilfe sein kann oder eher eine Gefährdung darstellt.

3 Nenne Gründe, warum Menschen in eine Sekte eintreten, und besprich diese in der Gruppe.

5 Erwachsen werden

Heute blau, morgen blau ... und was ist mit übermorgen?

1 Kennst du solche Situationen?

2 Welche Gründe gibt es, dass Jugendliche zum Alkohol greifen? Erarbeite dies zusammen mit deinem Partner.

3 Alkoholkonsum wird unter anderem auch durch Werbung angeregt. Verfasst gemeinsam einen Protestbrief an ein Werbebüro, das für Alkohol Werbung entwirft, um diese zu überzeugen, welche Verantwortung sie haben, Jugendliche in Form von Werbung zu Alkohol zu verführen.

„Kreative Köpfe"
Mustergasse 10
Schwabenhausen

..., den ...

Sehr geehrte Damen und Herren,
...

Macht Rauchen Sinn?

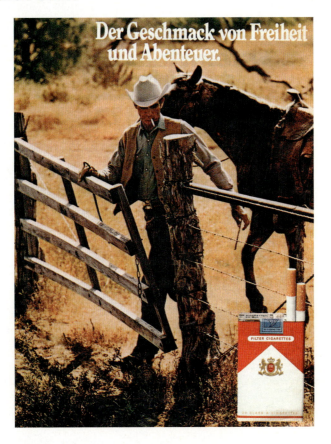

1 Beschreibe das Bild.

2 Wofür steht der Cowboy? Stärke, Männlichkeit ...

3 Wie werden diese Attribute in diesem Bild unterstützt?

Rauchen bringt auch Risiken mit sich

5 Lies den folgenden Artikel und diskutiert darüber in der Gruppe.

> Kettenraucher Wayne McLaren war Stuntman und Rodeo-Reiter, bevor er zur Werbefigur für eine Zigarettenmarke gemacht wurde. 1990 wurde bei ihm Lungenkrebs festgestellt, 1992 starb er qualvoll.
> Bei seinem letzten TV-Interview sagte er: „Meine Sucht hat sich gerächt. Ich beende mein Leben unter einem Sauerstoffzelt. Ich sage euch, Rauchen ist das nicht wert."

5 Erwachsen werden

Trotz der Warnungen lassen sich viele Jugendliche, wie die Statistik zeigt, nicht vom Rauchen abschrecken.

Raucher nach Geschlecht und Alter (1993 bis 2004) in Prozent				
	12- bis 17-Jährige:		18- bis 25-Jährige:	
Jahre	männlich	weiblich	männlich	weiblich
1993	21	20	51	44
1997	27	29	54	47
2001	27	28	46	42
2004	24	23	45	44

6 Werte diese Statistik aus.

7 Sammelt gemeinsam Gründe, weshalb vor allem Jugendliche ihren Sinn im Rauchen suchen und vermeintlich auch finden.

Zigaretten, weil ...

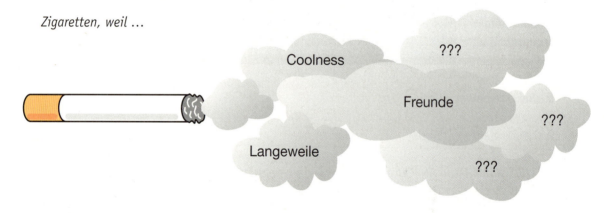

8 Erstelle eine Liste mit Dingen, die du tun könntest, um dasselbe Gefühl zu erreichen, wie es Raucher empfinden. Arbeite dabei in der Gruppe.

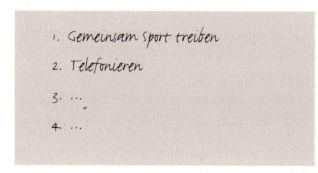

Die Jugend von heute

„Die Jugend liebt heutzutage den Luxus. Sie hat schlechte Manieren, verachtet die Autorität, hat keinen Respekt vor den älteren Leuten und schwatzt, wo sie arbeiten sollte.

Junge Leute stehen nicht mehr auf, wenn Ältere das Zimmer betreten. Sie widersprechen ihren Eltern, schwadronieren in der Gesellschaft, verschlingen bei Tisch die Süßspeisen, legen die Beine übereinander und tyrannisieren ihre Lehrer."

Sokrates, 470–399 v. Chr.

1 Diese Aussage von Sokrates, einem griechischen Philosophen, ist ungefähr zweieinhalbtausend Jahre alt. Fällt dir etwas auf?

2 Welche Verhaltensweisen werden von Jugendlichen heute erwartet?

3 Notiere deine Eindrücke, wie die Jugend von heute aussieht.

4 Stell dir vor, du begegnest Sokrates und erklärst ihm, was für die Jugendlichen von heute wichtig ist. Entwerft dazu in Partnerarbeit ein Rollenspiel und führt es dann der Klasse vor.

Jugend – immer wieder anders

5 Betrachte die Bilder und überlege dir Unterschiede und Gemeinsamkeiten der Jugendlichen in den verschiedenen Zeiten.

6 Gestalte eine Collage oder eine Zeichnung, wie deine Kinder als Jugendliche aussehen könnten.

5 Erwachsen werden

Sinnsuche – Sinnfindung

Persönlicher Einsatz

Schüler wird zum rettenden Engel
Toni Bachmann half schwer verletzter Frau nach Tramunfall

Es geschah Montagnachmittag: Eine 70 Jahre alte Frau wurde von einer Tram der Linie 4 erfasst und lebensgefährlich verletzt. In der Straßenbahn saß der 16-jährige Toni Bachmann. Er ist Schüler an der Kapellenschule in Oberhausen. Er ist dort Leiter des Schulsanitätsdienstes der Johanniter. Und er zögerte am Montag keine Sekunde: Toni sprang aus der Tram und kümmerte sich als Ersthelfer um die schwer verletzte Frau. Er hatte keine Medikamente, kein Verbandszeug, sondern nur sein Wissen um die richtigen Handgriffe im Notfall.

„Das war selbstverständlich, dass ich geholfen habe", sagt der 16-Jährige zur Augsburger Allgemeinen. „Sie hat aus der Nase und aus den Ohren geblutet, da wusste ich, sie hat schwere Kopfverletzungen." Er versuchte, die Frau anzusprechen, doch sie war bewusstlos. Er brachte sie in die stabile Seitenlage und überstreckte den Kopf – „damit die Atemwege frei bleiben". Mehr wollte er sie nicht bewegen, weil er nicht wusste, ob sie an der Wirbelsäule verletzt ist. Ein richtiggehend professionelles Verhalten, besonders für einen 16-Jährigen. Gelernt hat Toni all das bei den Augsburger Johannitern. Ende letzten Jahres hat er sich vom Schulsanitäter zum Sanitätshelfer weiterbilden lassen. Später will er beruflich diese Richtung einschlagen.

Interview mit einem anderen Schulsanitäter, Olaf, 15 Jahre:

„Was hat dich dazu bewogen, dass du mitgemacht hast?"

„Ich wurde von den Schulsanitätern angesprochen, ob ich nicht bei ihnen mitmachen möchte. Die Arbeit im Team, dass alle für einen da sind, aber auch das medizinische Wissen und die Tatsache, dass ich Menschen in Not helfen kann, waren einige meiner Gründe."

„Hattest du Probleme bei deiner Ausbildung zum Schulsanitäter?"

„Ja, am Anfang fiel es mir schon schwer, auf die Menschen einzugehen, und ich hatte manchmal das Gefühl, ich schaffe es nicht. Außerdem mussten wir viele Wochenenden für die Prüfungen und Übungen opfern. Aber mit der Hilfe der anderen und weil ich auch einfach nicht aufgeben wollte, hat es doch geklappt, und ich habe schon mehrere Notfälle erfolgreich versorgen können."

„Was bringt dir diese Arbeit?"

„Ich bin selbstbewusster geworden, habe mehr Freunde, gebe nicht mehr so leicht auf und weiß, dass ich Rettungssanitäter werden möchte."

5 Erwachsen werden

1 Die Aufgabe des Schulsanitäters hat sowohl Vor- als auch Nachteile. Übertrage die Tabelle in dein Ethikheft und ergänze aus dem Zeitungsartikel und dem Interview.

Vorteile	Nachteile
Neue Freunde	Opfern der Freizeit
Schüchternheit überwinden	...
...	

2 Welche Eigenschaften sind deiner Meinung nach wichtig, um solch eine verantwortungsvolle Arbeit leisten zu können? Geduld, Pünktlichkeit ...

3 Überprüfe anhand dieser Aufzählung, welche Eigenschaften auch auf dich zutreffen. Wenn nötig, ergänze mit deinen persönlichen Vorzügen.

4 Olaf und Toni wissen nun, dass sie Rettungssanitäter werden wollen. Überlege dir, wo du deine Eigenschaften sinnvoll einsetzen könntest.

Du und ich – wir?

Freundschaften als ein wichtiger Bestandteil im Leben

Hundert Freunde im Glück
halten nicht einen Feind zurück,
aber ein Freund in der Not,
schlägt hundert Feinde tot.

Im Glück erfährst du nicht,
wer's ehrlich mit dir meint,
nur wer im Unglück zu dir hält,
der ist dein wahrer Freund.

1 Gib mit eigenen Worten wieder, was diese Gedichte beschreiben.

2 Freundschaft – ein wichtiger Bestandteil im Leben. Was gehört alles zu einer guten Freundschaft? Übertrage die Freundschaftskette in dein Heft und ergänze.

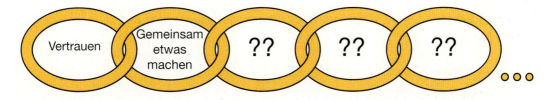

3 Schreibe selbst ein Gedicht zu Freundschaft.

Aufeinander zugehen und Freunde gewinnen

> # Zwischenzeugnis
> der Erich-Kästner-Realschule
> für
> **Halime Kaya**
>
> *Klasse 8c*
>
> *Halime ist neu in die Klasse gekommen. Sie ist sehr kontaktfreudig, aufgeschlossen und findet sehr schnell Anschluss an die Klassengemeinschaft. Bald ist sie ein nicht mehr wegzudenkendes Mitglied unter ihren Mitschülern. Ihre Hilfsbereitschaft, ihre Art, auf andere einzugehen, und ihre positive Lebenseinstellung machen sie zu einer wertvollen Stütze nicht nur im schulischen, sondern auch im privaten Bereich …*

1 *Charakterisiere Halime mithilfe des Textes.*

2 *In dieser Zeugnisbemerkung wird die Schülerin Halime dargestellt. Aufgrund welcher Situationen und Vorfälle könnte der Lehrer diesen guten Eindruck von Halime gewonnen haben?*

3 *Setz dich mit deinem Partner zusammen und schreibt euch gegenseitig eine Zeugnisbemerkung. Achtet darauf, dass nichts Negatives darin steht.*

4 *Lest euch dann eure Bemerkungen vor und diskutiert darüber, ob diese zutreffend sind.*

> Stefan, 14 Jahre alt, verbringt seine Freizeit am liebsten vor dem PC. Actionspiele mag er besonders gern. Er ist ein ruhiger, zurückhaltender und etwas schüchterner Junge. Oft fällt es ihm schwer, andere in seinem Alter anzusprechen und mit ihnen etwas zu unternehmen. Daher hat er sich immer mehr angewöhnt, sich alleine zu beschäftigen.

5 *Welche Tipps würdest du Stefan geben, damit er seine Scheu verliert und neue Freunde gewinnen kann?*

> – Geh in einen Verein
> – …

5 Erwachsen werden

Leitbilder für mein Leben

Tennisspielerin
Venus Williams

Formel-1-Weltmeister
Michael Schumacher

Bundeskanzlerin
Angela Merkel

Schauspielerin und Sängerin
Jennifer Lopez

Fußballer
David Beckham

Schauspieler
Brad Pitt

1 Wer ist dein Leitbild?

5 Erwachsen werden

1 Schildere kurz mit deinen eigenen Worten, wie
- der Schauspieler Brad Pitt,
- die Schauspielerin und Sängerin Jennifer Lopez

auf dich wirken.

2 Würdest du beide als eine Leitfigur betrachten? Begründe deine Antwort ausführlich.

3 Was ist für dich eine Leitfigur? Erstelle dazu ein Cluster.

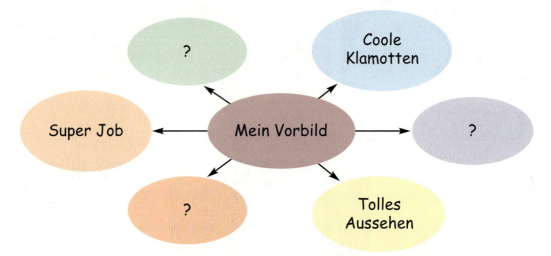

4 Besprecht im Sitzkreis eure Cluster und diskutiert über die Gemeinsamkeiten und Unterschiede der verschiedenen Vorstellungen.

5 Nenne dein persönliches Vorbild und erkläre kurz, weshalb du dich für diese Person entschieden hast.

6 Was beeindruckt dich am meisten an deinem gewählten Vorbild?

7 Erstelle eine Tabelle mit positiven und negativen Seiten deines Vorbildes.

Hier am Beispiel: Michael Schumacher.

+++	---
– spendet Armen Geld	– hat wenig Zeit für seine Familie
– ...	– ...

Leitbilder – eine Orientierungshilfe?

Leitbilder oder Idole (gr.-lat.: Bild; Trugbild, Götzenbild) begleiten dich ein Leben lang. Viele Menschen verehren Idole, weil diese vieles in ihrem Leben erreicht haben, wovon andere nur träumen können, z. B. Reichtum, Ansehen, Erfolg …
Deshalb eifern diese Menschen ihren Vorbildern nach, indem sie sie z. B. nachahmen. Manchmal geht das auch bis zur Besessenheit.

1 Wie könntest du diesen Ausspruch Goethes auf Leitbilder beziehen?

> „Warum in die Ferne schweifen, wenn das Gute liegt so nah."
>
> *Johann Wolfgang von Goethe*

Leitbilder in deiner nächsten Nähe

Rana Farmanbakhch, 18 Jahre, Schülerin aus Hamburg:

„Meine Mutter hat mich und meinen Bruder alleine großgezogen und nebenher noch gearbeitet. Vor anderthalb Jahren hat sie ihren eigenen Klamottenladen aufgemacht. Ich helfe ihr, wo ich kann, stehe im Laden, damit sie in Ruhe zu Mittag essen kann. Wenn ich mal ein Kind habe, wäre ich gern eine so gute Mutter wie sie: Ich hatte schon früh sehr viele Freiheiten. Sie weiß, dass sie sich auf mich verlassen kann.
Meine Mutter kann zuhören, ich vertraue ihr alles an. Ich verstehe gar nicht, wie andere Sportler oder Popstars als Vorbilder haben können, die kennen sie doch gar nicht!"

2 Nenne die Gründe aus der Aussage Ranas, weshalb ihre Mutter für sie ihr Vorbild ist.

3 Könnte auch Rana für andere ein Vorbild sein? Begründe deine Antwort.

4 Positive Leitbilder haben auf Menschen eine positive Wirkung. Beziehe Sarah Connors Meinung in diese Aussage mit ein. Nimm dann dazu Stellung.

Sarah Connor, geboren 1980 in Delmenhorst, Sängerin:

„Ein Vorbild ist für mich **jemand, der andere positiv beeinflusst**. Wichtig ist, dass man bei aller Schwärmerei man selber bleibt. Meine Eltern gehören zu den Menschen, die ich am meisten bewundere – weil sie mir die wichtigsten Werte im Leben beigebracht haben: Liebe, Zusammenhalt und Bescheidenheit."

5 Erwachsen werden

Leitbilder – eine Bereicherung

Leitbilder, denen man im Leben nacheifern kann, bewirken oft eine positive Veränderung in den Verhaltensweisen.

1 a) *Leite von deinen Vorbildern die positiven Wirkungen auf deine Verhaltensweisen ab. Diese Vorbilder könnten z. B. Trainer, Eltern, Lehrer, Freunde … sein. Finde mindestens noch drei weitere Vorbilder, die dich in irgendeiner Weise motivieren und dadurch dein Verhalten positiv verändern.*

b) *Nenne zu deinen drei gewählten Vorbildern deren Eigenschaften, die dich positiv motivieren könnten.*

2 *Überlege dir, welche dieser Eigenschaften du selbst besitzt, die dir gefallen und die du als nachahmenswert empfindest. Schreibe diese auf.*

3 *Bist du selbst ein Vorbild? Überlege, in welchen Bereichen oder für wen du eine Vorbildfunktion haben könntest.*

4 *Setzt euch mit euren Partnern zusammen und diskutiert über die jeweiligen Eigenschaften, die jeder aufgeschrieben hat. Diskutiert darüber, ob sie zutreffen oder ob du etwas anderes erwartet hast.*

Leitbilder im Blickfeld

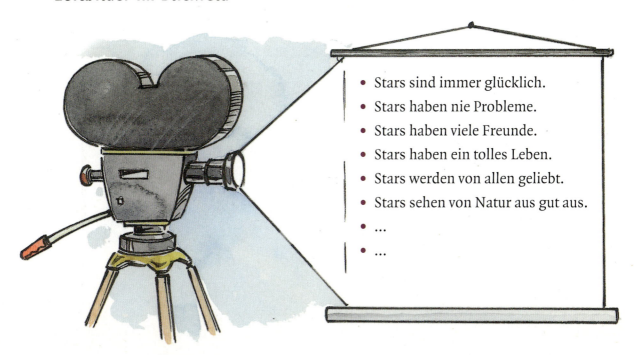

- Stars sind immer glücklich.
- Stars haben nie Probleme.
- Stars haben viele Freunde.
- Stars haben ein tolles Leben.
- Stars werden von allen geliebt.
- Stars sehen von Natur aus gut aus.
- ...
- ...

1 *Nimm Stellung zu den Aussagen auf der Leinwand und begründe deine Meinung dazu.*

2 *Finde weitere Beispiele, was man alles über Stars liest und das nicht der Wirklichkeit entspricht.*

Wenn ich dich nicht kriegen kann, soll dich keiner haben. Sieh dich vor!

3 *„Alles hat seinen Preis!" Starsein hat nicht nur schöne Seiten, sondern auch Schattenseiten. Belege diese Aussage mit Beispielen.*

4 *Stars werden vor allem in ihren Verhaltensweisen, ihrer Kleidung und in ihrem Aussehen von Jugendlichen nachgeahmt. Worin siehst du hierbei die Gefahren?*

5 Erwachsen werden

Flucht in Traumwelten

Maria, 16 Jahre, und ihre gleichaltrige Freundin Silvia unterhalten sich in einem Eiscafé über ihr Lieblingsmodel Valentina Amaretti, die momentan auf allen Laufstegen der Welt zu bewundern ist.

> Hast du gesehen, es gibt neue Bilder von Valentina im Internet. Super, sag ich dir, die schaut echt klasse aus. Mann, wenn ich nur so dünn sein und solche Klamotten tragen könnte.

> Ich habe letztens gelesen, dass sie schon wieder 3 kg abgenommen hat und das bei einer Größe von 1,80 m. Sie wiegt nur noch 50 kg. Ich versuch schon seit 3 Wochen abzunehmen und obwohl ich fast nichts mehr esse, bin ich gerade mal 1 kg losgeworden.

> Und das Hungern fällt deiner Mutter nicht auf? Bei mir wäre das schwierig.

> Na ja, lange geht das nicht mehr gut. Meine Mutter hat mir schon gedroht, dass ich Taschengeldentzug und Hausarrest bekomme, wenn sie mich deswegen noch mal zum Arzt fahren muss, weil ich vor Schwäche umgekippt bin.

> Aber du weißt ja, nur wenn wir schlank und gut aussehen, kriegen wir die tollen Jungs.

1 Gib den Dialog zwischen Maria und Silvia in eigenen Worten wieder.

2 Welche Probleme haben die Mädchen?

3 Überlege dir in Partnerarbeit, welche Gründe das Verhalten der Mädchen hat.

4 Welche körperlichen Auswirkungen können eintreten, wenn sie weiterhin ihrem Star nacheifern? Recherchiere im Internet.

5 Überzeuge Maria und Silvia in einem Rollenspiel davon, dass sie sich mit ihrem Verhalten schädigen.

Stars und Medien

Fernsehen (nicht nur) eine Frage des Geschmacks

Bei den vierten Augsburger Mediengesprächen ging es um Reality-Shows und den Jugendschutz – Privatsender in der Diskussion

… War die Container-Saga „Big Brother" lange der große Aufreger, sind es jetzt Shows mit Schönheitsoperationen, die Schlagzeilen machen und die Frage aufwerfen: Was ist alles erlaubt im deutschen Fernsehen?

… Extremshows wurden diskutiert bei den vierten Augsburger Mediengesprächen, veranstaltet von der Bayerischen Landeszentrale für Neue Medien (BLM). „Der Trend bleibt, Menschen in außergewöhnlichen Situationen zu zeigen, denn das interessiert die Zuschauer", betonte die RTL-Sprecherin.
Doch welche Wirkungen haben Extremformate auf junge Menschen? Werden sie nicht durch solche Shows auf die Idee gebracht, mithilfe einer Kandidatenkarriere dem Alltag zu entfliehen?

… Der Jugendschützer befürchtet, dass „gerade Jugendlichen Sendungen, die Schönheitsoperationen zeigen, den falschen Eindruck vermitteln, dass man den eigenen Körper ohne Risiko nach Idealvorstellungen verändern kann, um so beruflichen Erfolg und gesellschaftliche Anerkennung zu erreichen".

1 *Um was geht es im vorliegenden Zeitungsartikel?*

2 *Worin siehst du den Bezug zu unserem Thema „Stars und Medien"?*

3 *Welche Gruppe von Menschen, glaubst du, ist besonders anfällig für solche Darstellungen von angeblichen Stars in den Medien?*

4 *Nenne Gründe, die Menschen verleiten könnten, den Medien alles zu glauben und darauf zu hoffen, selbst dadurch ein Star zu werden.*

5 *Du weißt, dass solche Fernsehsendungen oder andere Medien wie z. B. Internet oder Zeitschriften vieles beschönigen und zum Teil auch verfälschen. Überlege dir mit deinem Partner verschiedene Möglichkeiten, um Menschen auf diese Scheinwelt aufmerksam zu machen.*

Vorbildliche Vorbilder

Mutter Teresa – Sie war die „Mutter der Sterbenden".

Lebenslauf

- geb. am 27. August 1910 in Skopje, Jugoslawien
- bürgerlicher Name: Agnes Gonxha Bojaxhio
- albanische Staatsangehörigkeit
- mit 18 Jahren Nonne in Indien
- 1946 Umzug in die Slums zu einer 7-köpfigen Familie
- 1949 Gründung einer Klostergemeinschaft „Missionarinnen der Nächstenliebe"; Klostergemeinschaften arbeiten nie für Geld und Reiche, sondern nur für Arme und Ausgestoßene
- Heute gehören ca. 1800 Schwestern und 800 Brüder zu ihrer Gemeinschaft, 18 Schulen, 8 Lepra-Zentren, 6 Pflegeheime, 1 TBC-Klinik, 1 Haus für unverheiratete Mütter, 1 Entbindungsstation und 1 Sterbehaus
- 1979 bekam sie den Friedensnobelpreis
- gestorben am 5. September 1997 in Kalkutta (Indien)
- im Oktober 2003 wurde sie seliggesprochen

1 a) Suche im Internet weitere Informationen zu Mutter Teresa und stelle diese der Klasse vor.
   b) Was macht Mutter Teresa zum Vorbild? Beschreibe sie genauer.

2 Stelle dies an weiteren Handlungen dar, die du selbst erarbeitest. Nimm dazu das Internet, Bücher, Zeitschriften etc. zur Hilfe.

3 Was würdest du von Mutter Teresa übernehmen?

4 Nenne Bereiche, in denen dir Mutter Teresa positives Beispiel sein könnte.

5 Könntest du dich mit Mutter Teresa identifizieren? Erläutere deine Aussage.
   – Ich könnte mich mit Mutter Teresa identifizieren, weil …
   – Ich könnte mich mit Mutter Teresa nicht identifizieren, da …

6 Lies folgenden Ausspruch von Mutter Teresa und erkläre, was sie damit meint.

> **Mutter Teresa:** „Die schlimmste Krankheit ist nicht die Lepra oder die Tuberkulose, sondern das Gefühl, von niemandem angesehen zu werden, ungeliebt und verlassen zu sein."

7 Glaubst du, dass Menschen wie Mutter Teresa bei ihrer Arbeit für die Menschheit sich dessen bewusst sind, dass sie für andere ein Vorbild sind?

Die Geschwister Scholl

1 Die Geschwister Scholl, das sind Hans und Sophie Scholl, waren Mitglieder der Weißen Rose, einer Gruppe, die Widerstand gegen den Nationalsozialismus leistete.
Nach den Erfahrungen an der Front des 2. Weltkrieges und den Berichten von Freunden über Massenmorde in Polen und Russland genügen ihnen Lesen und Diskutieren allein nicht mehr. Im Juni 1942 handeln Alexander Schmorell und Hans Scholl. Die ersten vier Flugblätter wurden von Ende Juni bis Mitte Juli 1942 verfasst und ohne Angaben von Namen mit der Post an Intellektuelle im Raum München verschickt. Im Winter dieses Jahres wurde die Gruppe um Sophie Scholl und Willi Graf erweitert.
Die Geschwister Scholl wurden am 18. Februar 1943 beim Verteilen von Flugblättern an der Münchner Universität vom Hausmeister beobachtet und der Gestapo gemeldet. Bereits am 22. Februar 1943 wurden sie vom Volksgerichtshof unter der Leitung von Roland Freisler zum Tode verurteilt und noch am selben Tage in München-Stadelheim hingerichtet. Ihr Grab befindet sich auf dem dortigen Friedhof am Perlacher Forst.
Nach ihnen wurde am 30. Januar 1968 das in der Nachkriegszeit neu gegründete Geschwister-Scholl-Institut für politische Wissenschaft der Ludwig-Maximilians-Universität München benannt, ebenso trägt der Vorplatz des Universitätshauptgebäudes den Namen „Geschwister-Scholl-Platz", auf dessen Boden das letzte Flugblatt der Weißen Rose in Stein eingelassen ist. Seit 1997 erinnert eine Gedenkstätte im Lichthof des Hauptgebäudes der Uni an die Geschwister Scholl und weitere Mitglieder der Weißen Rose.

1 Warum sind die Geschwister Scholl so berühmt geworden? Beschreibe ihren politischen Einsatz ausführlicher.

2 Hans und Sophie Scholl wurden sehr jung umgebracht, weil sie für ihre persönlichen Ideale gekämpft haben.
   a) Wie fühlst du dich, wenn du vom Schicksal der beiden hörst?
   b) Für welche deiner Ideale würdest du weit gehen bzw. kämpfen?

3 Nenne Bereiche aus deinem Leben, in denen sich Menschen für andere Menschen einsetzen wie z. B. Pflege der Oma, Hilfe beim Nachbarn ... und unter Umständen auch ihr Leben riskieren, z. B. die freiwillige Feuerwehr ...

Menschen für Menschen

1 Welche Aussage steckt hinter diesem Mauerspruch?

2 Was sind deine Gedanken, wenn du solche Sprüche liest?

3 Wie könnte sich ein Farbiger dabei fühlen, wenn er an dieser Mauer vorbeigeht?

4 Einstellungen, die sehr einseitig sind, nennt man Vorurteile.
   Auch heutzutage gibt es viele Menschen, die Vorurteile haben. Diese zeigen sich in vielen Situationen im Alltag. Hast du schon einmal Erfahrungen mit Vorurteilen gemacht? Erzähle davon.

> *Vorurteile:*
> verfestigte, vorgefasste Meinung gegenüber Personen, Bevölkerungsgruppen ..., die nicht auf Erfahrung beruht. Ein Vorurteil übernimmt man von jemandem, den man anerkennt. Meistens enthalten Vorurteile eine Abwertung anderer Menschen oder Gruppen.

5 Auf den vorhergehenden Seiten hast du vieles über Mutter Teresa und die Geschwister Scholl erfahren. Diese Menschen haben ihr ganzes Leben lang gegen Vorurteile gekämpft und für ihre Ideale gelebt. Wie würden diese Menschen auf Ausländerfeindlichkeit reagieren? Erarbeitet in verschiedenen Gruppen die möglichen Reaktionen von:

Mutter Teresa	Geschwister Scholl	Eure Reaktionen
traurig	sauer	?
?	?	?

6 Vergleicht eure gesammelten Reaktionen. Findest du Gemeinsamkeiten, Unterschiede? Diskutiert darüber.

Helden und Antihelden

Für immer Superman

Clark Kent alias Superman und Louis Lane sind von einem reichen Unternehmer auf dessen Luxusschiff eingeladen. Das Schiff soll gekidnappt werden, und es besteht große Gefahr für die Menschen an Bord. Superman setzt all seine Kräfte ein, vernichtet die Angreifer und rettet die Passagiere.

1 *Einige von euch kennen sicher die Superman-Comics und die Superman-Filme. An welche Szenen und Ereignisse kannst du dich erinnern?*

2 *Superman rettet die Guten und vernichtet die Bösen. Ein Held?*

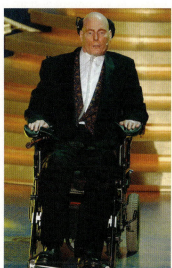

Der Schauspieler, der in der Rolle des Supermans weltberühmt wurde, ist Christopher Reeve.

Oktober 2002: Christopher Reeve ist Gefangener seines gelähmten Körpers. Mit unfassbarer Willenskraft gelingen ihm jetzt Erfolge, die kaum jemand für möglich gehalten hat: Die ersten Schritte – und ein Buch, in dem der Hollywood-Star die dramatischen Situationen zwischen Leben und Tod beschreibt.
Ein Mann kämpft. Tapfer und unbeirrbar. Ein aussichtsloser Kampf gegen das entsetzliche Nichts der Bewegungslosigkeit? Der Mann kann nur seinen Willen und seinen Glauben an die Medizin einsetzen, doch er scheint diesen ungleichen Kampf zu gewinnen: Christopher Reeve, 45, durch einen Reitunfall vom Hals abwärts querschnittsgelähmt, hat es jetzt geschafft, ein paar Schritte zu gehen – mithilfe einer Gurtkonstruktion.
Oktober 2004: Christopher Reeve stirbt überraschend am 11. Oktober.

3 *Was macht den gelähmten Christopher Reeve zum „Superman"?*

4 *Wo erscheint dir Christopher Reeve als Superman glaubwürdiger: als Filmheld oder im wirklichen Leben? Begründe.*

Martin Luther King jun. (1929–1968)

Martin Luther King wurde am 15. Januar 1929 in Atlanta als ältester Sohn des Baptistenpfarrers Martin Luther King sen. geboren. Mit 17 wurde er zum Pfarrer geweiht und studierte anschließend an der Universität in Boston. Der indische Freiheitskämpfer Mahatma Gandhi war zu dieser Zeit sein großes Vorbild. Seine Lehre des gewaltlosen Widerstandes beeindruckte King zutiefst, und somit wurde sie auch zum Kernpunkt seines Denkens.

1954 erklärte der Oberste Gerichtshof der Vereinigten Staaten die Rassentrennung an öffentlichen Schulen für gesetzwidrig. 1955 fand unter Führung von Martin L. King ein Busboykott in Montgomery statt, dessen Ziel es war, gegen Rassendiskriminierung in öffentlichen Verkehrsmitteln zu protestieren. King wurde daraufhin festgenommen, inhaftiert, sein Haus wurde in die Luft gesprengt und er bekam mehrere Morddrohungen ...

1 Wie wird Martin Luther King im Text beschrieben?

2 Woher nahm er wohl die große innere Kraft für solche Vorhaben?

3 Wie könnte dieser Busboykott ausgesehen haben? Wie konnte er dies vielleicht organisiert haben? Besprecht euch in der Klasse.

4 Versuche in Gedanken, den Lebenslauf M. L. Kings fortzuführen, und besprecht eure Ergebnisse.

5 Ist Martin Luther King für dich ein Mensch mit Vorbildcharakter?

... King ließ sich auch in der folgenden Zeit nicht von seinem Ziel abbringen. Während weiterer gewaltloser Demonstrationen zur Verbesserung der Situation der Schwarzen in den Vereinigten Staaten wurde er noch mehrmals festgenommen. 1964 bekam er den Friedensnobelpreis. Im Laufe der Zeit brachte ihn der ständige Stress an den Rand des Zusammenbruchs, und in seinen Reden spielte er immer wieder auf seinen Tod an. Am 4. April 1968 wurde King von einem entflohenen weißen Häftling erschossen. Der dritte Montag im Januar ist seit 1983 ein US-amerikanischer Nationalfeiertag zu Ehren Martin Luther Kings.

6 Wärst du ebenso bereit, für andere Menschen dein Leben zu riskieren? Begründe ausführlich.

7 Informiere dich noch genauer über Martin Luther King, sein Leben und seine Ziele und arbeite für deine Klassenkameraden ein Referat aus.

Eigene Vorbilder

1 *Gibt es für dich Vorbilder? Begründe.*

2 *Wer ist vorbildhaft für dich?*
   a) *Welche Eigenschaften und Fähigkeiten müssten diese Personen besitzen? Schreibt eure Antworten in Stichpunkten auf Wortkarten.*
   b) *Skizziert auf einem großen Papier die Umrisslinien eines Menschen. Sammelt eure Ergebnisse und ordnet sie, wie in dem Beispiel, zu.*

Vorbild:
Jemand, den man (wegen seiner guten Eigenschaften oder Fähigkeiten) so bewundert, dass man so werden will wie er oder sie.

3 *Vorbild = Superman! Gibt es diesen perfekten Menschen? Diskutiert.*

4 *In welchen Bereichen oder mit welchen Fähigkeiten könntest du vorbildhaft für andere sein?*

Christine

Christine, die zu Beginn des Schuljahres neu in die 7. Klasse kam, ist ein Jahr älter als die meisten ihrer Mitschüler. Sie muss dieses Jahr wiederholen. Christine ist eine eher ruhige, besonnene Schülerin, die den Schulwechsel aus einem anderen Bundesland nicht leicht geschafft hat. Vor allem in Mathematik hat sie große Probleme. Die Nachhilfestunden, die ihre Eltern ihr anbieten, lehnt sie kategorisch ab. Fast täglich hat sie Ärger, weil sie ihre Mathematikhausaufgaben nicht gemacht hat. Dagegen ist sie den anderen in Englisch weit voraus. Es hat länger gedauert, bis die Klassenkameraden gemerkt hatten, dass Christine in diesem Fach einfach alles wusste. Nach einigen Wochen haben die ersten Mädchen nachgefragt, ob Chris ihnen beim Übersetzen helfen könnte. Seither lernen die Mädchen öfter gemeinsam Vokabeln und üben englische Texte. Abends jedoch ist Christine für ihre Mitschülerinnen selten zu sprechen. Sie trainiert mehrmals in der Woche Karate und hat in dieser Kampfsportart in den letzten Jahren schon mehrere Jugendpreise gewonnen.

5 *Wie schätzt du Christine ein? Was ist sie für ein Mensch?*

6 *Gibt es auch jemanden in deiner Klasse oder in deinem Freundeskreis, der für dich in einem bestimmten Bereich vorbildhaft ist?*

Was macht sie zu Idolen?

Franziska van Almsick war ein international bekannter Schwimmstar. Ihre ersten olympischen Medaillen gewann sie bereits mit 14 Jahren.

Idol

Jemand, der sehr verehrt wird und für viele ein Vorbild ist.

Lange Zeit kochte keiner so ideenreich und perfekt wie er. Paul Bocuse ist ein französischer Koch, der Tausende von Köchen auf der Welt beeinflusst hat. Sie wollten alle so kochen wie er.

Laetitia Casta ist der Traum vieler Männer. Viele Frauen wollen so aussehen wie sie. Das berühmte Model verdient mehrere Millionen Euro im Jahr und hat auch schon mehrere Filme gedreht.

Der gebürtige Österreicher Arnold Schwarzenegger wurde zum ersten Vorbild im Bodybuilding. Er machte sogar Karriere in Hollywood und gehört heute zu den berühmtesten Menschen der USA. 2004 wurde er in Kalifornien zum Gouverneur gewählt.

1 *Betrachtet die Fotos und lest die Texte durch. Nicht jede der abgebildeten Personen ist für euch ein Idol. Warum nicht?*

2 *Für viele Menschen sind diese Personen Idole. Wer ist für dich persönlich ein Idol? Begründe deine Meinung.*

Die Erklärung aus dem Lexikon für den Begriff „Idol" ist ganz allgemein gehalten. Es gibt eine einfache Methode, wie Begriffe genauer erklärt werden können.

Ein Beispiel dafür ist die Erklärung für „Löffel":

Ein Löffel ist ein Utensil ...

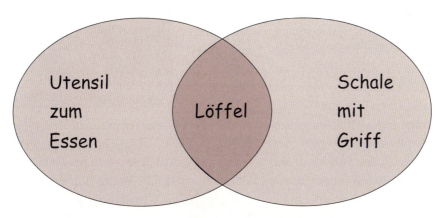

3 *Erkläre nach dieser Methode den Begriff „Idol".*

4 *Einige unter euch haben bestimmt Idole. Werden deine heutigen Idole auch in fünf, zehn ... Jahren für dich noch Idole sein?*

Fans beim Tennisturnier French Open. Alle drängeln sich nach vorne, um ihren Idolen nahe zu sein.

5 *Jugendliche eifern ihren Idolen nach. Wie äußert sich das?*

6 *Jeder Mensch braucht ein Idol! Du etwa nicht?*

Zum Nachdenken: Wüstenblume

1 Waris Dirie ist ein Wesen aus zwei Welten: das Nomadenmädchen aus der endlosen Wüste Somalias und als Topmodel ein Geschöpf der schnellen, kurzlebigen Modewelt.
5 Mit ungefähr 14 Jahren flieht sie vor ihrem Vater, als er sie mit einem alten Mann verheiraten möchte. Ihre Flucht führt sie schließlich als Hausmädchen des somalischen Botschafters nach London. Sie jobbt in einer Filiale einer Fast-
10 Food-Kette, wird dann als Model entdeckt, und 1991 kommt der große Durchbruch. Waris wird eines der gefragtesten Topmodels der Welt und arbeitet mit den berühmtesten Modefotografen. Doch ein Teil ihrer Seele ist in Afrika geblieben,
15 obwohl sie dort die grausamste Folter erdulden musste, die man einem Mädchen antun kann: Im Alter von fünf Jahren wurde sie bei vollem Bewusstsein beschnitten. Sie ist seit 1994 Sonderbotschafterin der UNO* im Kampf gegen die
20 Mädchenbeschneidung*. Waris Dirie ist verheiratet und hat einen Sohn.

„Obwohl das Modeln Spaß macht und ich zugegebenermaßen den glitzernden Glamour schätze, hat es auch seine Schattenseiten: Ge-
25 rade eine junge, unsichere Frau kann in dem Metier leicht zugrunde gehen. Ich bin schon zu Terminen erschienen, wo der Visagist und der Fotograf entsetzt aufkreischten: ‚Du lieber Himmel! Was ist denn mit deinen Füßen los? Wo hast
30 du nur all diese hässlichen dunklen Flecken her?'

Was soll ich ihnen antworten? Sie meinen damit die Narben von den
35 Hunderten von Dornen und spitzen Steinen in der somalischen Wüs-
40 te, auf die ich getreten bin. Ein Andenken an meine Kindheit, schließlich bin ich dreizehn Jahre lang barfuß herumgelaufen. Aber wie soll 45 ich das einem Pariser Modeschöpfer erklären? Dass ich als Botschafterin für die Vereinten Nationen tätig sein darf, bedeutet für mich die Erfüllung eines Traumes, der so vermessen war, dass ich ihn mir kaum vorzustellen wagte. 50 Obwohl ich schon als Kind das Gefühl hatte, mich von meiner Familie und den anderen Nomaden zu unterscheiden, hätte ich mir nicht ausgemalt, dass ich einmal Sonderbotschafterin für eine Organisation werden würde, die es sich 55 zur Aufgabe gemacht hat, die Probleme der Welt zu lösen. Die UNO erfüllt auf internationaler Ebene die Pflichten, die eine Mutter innerhalb ihrer Familie übernimmt: Sie spendet Trost und schenkt Sicherheit." Waris Dirie 60

1 *Waris Dirie ist eine junge Frau, die bereits eine große Karriere gemacht hat. Nenne die Aufgaben und Berufe, die sie schon ausgeführt hat.*

2 *Was ist „glitzernder Glamour"? Schlage im Lexikon nach und finde Beispiele in Zeitschriften und Fernsehsendungen. Würdest du auch gerne im „Glamour" leben? Begründe deine Meinung.*

3 *Was meint Waris Dirie, wenn sie sagt, dass ein Teil ihrer Seele in Afrika geblieben ist? Suche Stellen im Text, die das aufzeigen.*

6 Verantwortung für Mensch und Umwelt

Gesundheit

Gesundheit!

Fabian ist erkältet und muss die ganze Zeit niesen.

1 Was ist falsch am Verhalten dieses Jugendlichen?

2 Wie sollte man sich bei Infektionskrankheiten verhalten, um eine Ansteckung zu vermeiden?

3 Ansteckungskrankheiten haben schon zum Tod von vielen Menschen geführt – z. B. Pest, Pocken etc. Durch Impfungen können solche Epidemien verhindert werden.

Informiere dich, was bei einer Impfung passiert und gegen welche Krankheiten man sich in Deutschland impfen lassen sollte.

Tipp:
In den örtlichen Gesundheitsämtern gibt es viele Informationen zu diesem Thema.

EIN KLEINER PIEKS MIT GROSSER WIRKUNG!

4 Durch Impfungen konnten in Deutschland und anderen Industrieländern viele Infektionskrankheiten fast verdrängt werden. Doch gibt es auch viele Kritiker, die gegen das Impfen sind. Bildet nun Gruppen, die sich entweder als **Impfbefürworter** oder als **Impfgegner** aussprechen. Sammelt Argumente für eure jeweilige Position und versucht im Anschluss dann die andere Gruppe von eurem Standpunkt zu überzeugen.

5 In vielen Entwicklungsländern können sich die Menschen Impfungen nicht leisten. Informiere dich, welche ansteckenden Krankheiten dort noch verbreitet sind und wie sich dies auf das Leben der Menschen auswirkt.

6 Nach wie vor gibt es viele Infektionskrankheiten, gegen die noch nicht geimpft werden kann, da die Forschung noch keinen Impfstoff entwickeln konnte. Um welche Krankheiten geht es dabei? Finde mit deiner Klasse alle noch nicht heilbaren Infektionskrankheiten nach ihrer Entstehung, ihren Ausmaßen, Verbreitung, Folgen etc. heraus und präsentiere die Ergebnisse auf einer Wandzeitung.

Verantwortung für die eigene Gesundheit übernehmen

1 Was kannst du auf den Fotos erkennen? Beschreibe, inwiefern die abgebildeten Personen sich nicht verantwortungsvoll in Bezug auf die Gesunderhaltung ihres Körpers verhalten.

6 Verantwortung für Mensch und Umwelt

2 Was kann jeder Einzelne tun, um sich gesund zu halten? Erstelle eine Liste.

Verantwortung für die Gesundheit	genauere Ausführungen
1. ausgewogene Ernährung	wenig Süßigkeiten,
2. ?	?
3. ?	

Ich kann/will/muss helfen!

1 Was siehst du auf diesem Bild? Würdest du dieser Frau helfen?

6 Verantwortung für Mensch und Umwelt

Ich kann bereits helfen ...
- Hilfe rufen
- Trost spenden
- ?

2 Ergänze die Aufzählung.

Ich will helfen ...
3 Warum sind Menschen füreinander da und helfen sich in Notsituationen?
4 Finde weitere Situationen, in denen du helfen wolltest.

Ich muss helfen ...

> **§ 323c StGB (Strafgesetzbuch): Unterlassene Hilfeleistung**
> Wer bei Unglücksfällen oder gemeiner Gefahr oder Not nicht Hilfe leistet, obwohl dies erforderlich und ihm den Umständen nach zuzumuten, insbesondere ohne erhebliche eigene Gefahr und ohne Verletzung anderer wichtiger Pflichten möglich ist, wird mit einer Freiheitsstrafe bis zu einem Jahr oder mit Geldstrafe bestraft.

> **§ 34 (1) StVO (Straßenverkehrsordnung)**
> Nach einem Verkehrsunfall hat jeder Beteiligte
> - unverzüglich zu halten,
> - den Verkehr zu sichern und bei geringfügigem Schaden unverzüglich zur Seite zu fahren,
> - sich über die Unfallfolgen zu vergewissern,
> - Verletzten zu helfen (§323c StGB) ...

5 Lies dir die Auszüge aus den Gesetzbüchern durch und gib den Inhalt in eigenen Worten wieder. Welche Schlussfolgerung kann aus diesen Paragraphen gezogen werden?
6 Welche Ängste und inneren Konflikte werden durch die rechtliche Verpflichtung zur Hilfeleistung ausgelöst? Sieh dir die folgenden Bilder genau an und versuche dich in die Situation hineinzuversetzen.

Erste Hilfe in der Schule

Durchschnittlich erleidet jeder zwölfte Schüler an deutschen Schulen einen Schulunfall; das entspricht etwa einer Million Fälle pro Jahr.

1 Wo liegen die Gefahren in der Schule? Die folgenden Bilder helfen dir dabei.

2 Wie soll man sich in der Schule verhalten, um die abgebildeten Gefahren zu vermeiden? Wie kann man seinen Mitschülern in den dargestellten Situationen helfen? Erstelle Regeln über sicheres Verhalten auf dem Schulgelände.

Die erste Versorgung nach Unfällen erfolgt noch in der Schule, deshalb bildet das Bayerische Rote Kreuz, im Speziellen das Jugendrotkreuz, **Schulsanitäter** aus, die auch Juniorhelfer heißen. Diese sollen von Pflasterverbänden bis zur Kühlung bei Knochenbrüchen die Erstversorgung mit einem Betreuungslehrer übernehmen können.

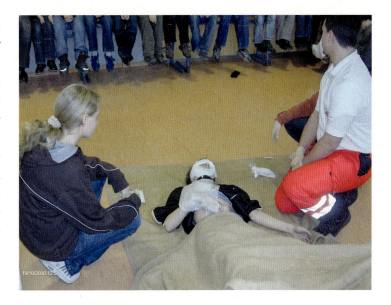

3   Informiere dich, ob es an deiner Schule einen Schulsanitätsdienst gibt. Wie ist dieser Sanitätsdienst organisiert?

4   Sprich in deiner Klasse über die Möglichkeit eines Erste-Hilfe-Kurses. Unter www.drk.de findest du Informationen.

So verhältst du dich im Falle eines Unfalls richtig!

Hilfe rufen/
   Notruf

Ermutigen
   und trösten

Lebenswichtige Funktionen
   kontrollieren

Decke unterlegen/
   zudecken

Drogen – Verlockung und Gefahr

Der Kleine Prinz und der Säufer

Den nächsten Planeten bewohnte ein Säufer. Dieser Besuch war sehr kurz, aber er tauchte den Kleinen Prinzen in eine tiefe Schwermut. „Was machst du da?", fragte er den Säufer, den er stumm vor einer Reihe voller Flaschen sitzend antraf. „Ich trinke", antwortete der Säufer mit düsterer Miene. „Warum trinkst du?", fragte ihn der Kleine Prinz. „Um zu vergessen", antwortete der Säufer. „Um zu vergessen?", erkundigte sich der Kleine Prinz, der ihn schon bedauerte.
„Um zu vergessen, dass ich mich schäme", gestand der Säufer und senkte den Kopf. „Weshalb schämst du dich?", fragte der Kleine Prinz, der den Wunsch hatte, ihm zu helfen.
„Weil ich saufe!", endete der Säufer und verschloss sich endgültig in sein Schweigen. Der Kleine Prinz verschwand bestürzt.

Antoine de Saint-Exupéry

1 Lies dir die Geschichte „Der Kleine Prinz und der Säufer" durch und entwirf eine Skizze, in der der Teufelskreis der Sucht des Säufers deutlich wird.
2 Welche Möglichkeiten gibt es, diesem Teufelskreis zu entkommen?
3 Was ist Sucht? Kläre in der Klasse was ihr über Drogen und Sucht wisst.
4 Alkohol ist nur eine von vielen Drogen. Erstellt in Gruppen Plakate, auf denen ihr die unterschiedlichen legalen und illegalen Drogen vorstellt.

Tipp: Die Bundeszentrale für gesundheitliche Aufklärung hat viele Materialien zu diesem Thema.

„Es fing alles ganz harmlos an" –
der 17-jährige Lukas erzählt über seine Erfahrungen mit der Droge Speed ...

„Es fing alles so anders an. Es war eine heiße, tolle Sommernacht, wir saßen in einem Café draußen und auf einmal packte mein Freund Patrick ein kleines Päckchen aus: „Speed! Damit kommst du echt lustig drauf und außerdem verträgst du dann Alkohol besser!" Dabei grinste er ganz geheimnisvoll. Wir hatten viel Spaß und ich fühlte mich seit Langem mal wieder richtig cool und ohne Sorgen. Am Wochenende darauf habe ich es das nächste Mal genommen und dann wurden die Abstände immer kürzer. Meist kam ich in den frühen Morgenstunden nach Hause und fühlte mich total erschlagen. Alles tat mir weh, aber ich konnte nicht einschlafen und Hunger hatte ich auch nicht. Nach ein paar Tagen ist man völlig abgeschlafft und fühlt sich schlecht.

Meine Eltern haben eigentlich nichts bemerkt. Am Anfang hat mich meine Mum mal aufs Kiffen angesprochen, doch ich habe einfach nicht viel dazu gesagt. Sie hat nicht mehr nachgehakt. Wenn ich nicht nach Hause kam, habe ich meinen Eltern einfach erzählt, dass ich bei Leonie, meiner Freundin, geschlafen habe. Sie haben auch erst viel später gemerkt, dass ich mein Sparbuch leer geräumt habe. Und der 10-Euro-Schein hier oder den 20-Euro-Schein da aus dem Geldbeutel meines Vaters ist bis heute niemandem aufgefallen.

Mit Leonie dagegen habe ich mich total oft gestritten. Wenn ich „drauf" war, reichte oft nur ein falsches Wort und ich bin vollkommen ausgerastet. Ich hatte Alpträume und wenn ich keinen Stoff mehr hatte, war ich nicht zum Aushalten. Ich konnte dann an nichts anderes mehr denken. Außerdem war ich tierisch eifersüchtig, oft vollkommen grundlos. Irgendwann hat sie es dann nicht mehr ausgehalten und wollte mich verlassen. Ich habe ihr mit Selbstmord gedroht und sie angefleht bei mir zu bleiben, doch das half alles nichts. Ich habe mir dann immer mehr Trips reingezogen, um damit klarzukommen.

Die Schule war mir so was von egal; Spaß war wichtiger als gute Noten und das ganze Zeug. Ich war froh, wenn ich morgens überhaupt aus dem Bett kam, da konnte ich doch nicht in den Unterricht gehen. Aber das ging nicht lange gut. Die Direktorin benachrichtigte meine Eltern, weil ich so viele Fehltage hatte. Aber es kam noch schlimmer. Alles flog auf, weil ein Kumpel von mir in eine Drogenrazzia geraten ist und mich verpfiffen hat. Als die Polizei bei mir vor der Tür stand, war klar, was los war …"

1 Warum konsumiert Lukas Drogen? Gehe auf seine Gründe ein.
2 Fallen dir weitere Gründe ein, weswegen Menschen Drogen nehmen?
3 An welchen Textstellen werden die Folgen von Lukas' Drogenkonsum deutlich?
4 Lege ein Cluster an, in dem du die Folgen unterschiedlichen Bereichen zuordnest.
5 Wie könnte Lukas' Leben weitergehen? Schreibe die Erlebnisse aus Lukas' Sicht zu Ende.

Kurzbeschreibung: „Ich war Heimkind, Prostituierte, Drogenabhängige. Zu allem Überfluss bin ich HIV-infiziert." Eine Frau möchte durch dieses Buch ihre Erfahrungen weitergeben, dass Drogen niemals ein Ausweg aus Schwierigkeiten sind, und wer Drogen nimmt, um vor der Wirklichkeit zu fliehen, den Kampf um sich selbst verliert. Drogen bedeuten Selbstzerstörung und das ist das Gegenteil von Leben …

6 Nicht selten stellt sich bei Fixern als Folge ihres Drogenkonsums heraus, dass sie HIV-positiv sind oder an Aids erkranken. Informiere dich über das Aids-Virus, den Krankheitsverlauf und die möglichen Ansteckungswege.

Freundschaft, Liebe und Sexualität

Ich verändere mich

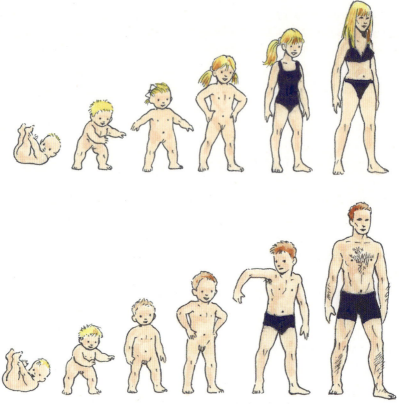

1. Worum handelt es sich bei diesen Zeichnungen?

2. Ordne den Abschnitten bestimmte Altersgruppen und die passenden Fachbegriffe richtig zu.

3. Erkläre die von dir zugeordneten Begriffe mit eigenen Worten.

4. In welchem Abschnitt befindest du dich gerade?

5 Worin unterscheidet sich der Abschnitt, in dem du dich befindest, von den anderen Abschnitten deines Lebens? Ergänze.

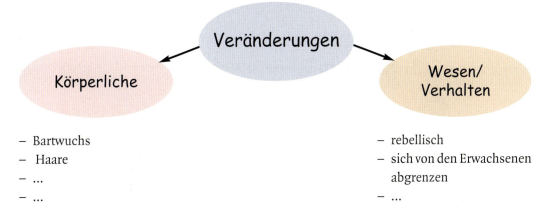

- Bartwuchs
- Haare
- ...
- ...

- rebellisch
- sich von den Erwachsenen abgrenzen
- ...

Dieser Abschnitt wird auch als Pubertät bezeichnet.
Die Psychologie erklärt die Pubertät als Zeit, in der sich Jugendliche von den Eltern lösen, um eine eigene Identität aufzubauen. Krisen und Konflikte gehören dazu; die „Alten" grob abzufertigen oder mit Verachtung zu strafen, ist normale Begleiterscheinung des Sich-Abgrenzens. Gleichzeitig bleibt ein großes Bedürfnis nach Liebe und Nähe, das Eltern häufig verwirrt.

6 a) Stimmst du mit dieser Aussage überein?
b) Erkläre diese mithilfe von Beispielen.

> **Identität:**
> Unter **Identität** (lat.: Wesenseinheit) eines Menschen wird häufig die Summe der Merkmale verstanden, durch die wir uns von anderen unterscheiden.

„Die Jugendlichen wollen sich reiben"

Auszug aus dem Interview mit Familienberater Jan-Uwe Rogge und der Zeitschrift „Stern":
Was ist in der Pubertät typisch für Mädchen, was typisch für Jungs?
Mädchen lehnen ihre Mütter im ersten Teil der Pubertät sehr stark ab, können ausgesprochen gemein sein. Beleidigungen ... sind dabei keine Seltenheit. Jungs lassen den Macho heraushängen. Der Zwölfjährige etwa setzt sich an den Tisch und sagt zu seiner Mutter: „Jetzt bedien mich mal, du bist eine Frau und hast das zu tun." Mädchen, die sehr früh in die Pubertät gekommen sind, neigen dazu, immer wieder in kleinkindhaftes Verhalten zurückzufallen, wollen dann plötzlich auf den Schoß ihrer Mutter und kuscheln. Mal sind die Teenager himmelhoch jauchzend, dann wieder zu Tode betrübt. Meist von jetzt auf nachher und ohne jeden Anlass. Da fragen sich viele Eltern: Ist das noch normal? ...

7 Welche Meinung vertritt der Familienberater?

8 Was denkst du über den letzten Satz im Interview? Diskutiert dies in der Klasse.

Wie verhält sich MANN/FRAU?

FRÜHER?   **HEUTE?**

1 Welches dieser Bilder kommt dir am bekanntesten vor?

2 Beschreibe mit eigenen Worten die Veränderungen, die im Leben der Frauen als auch der Männer von heute stattgefunden haben, z. B. im Berufsleben, Familie, Bildung …

3 Bildet Expertenteams zu den verschiedenen Bereichen wie Berufsleben, Familie, Bildung … und arbeitet die Veränderungen in den letzten 50 Jahren heraus. Nehmt dazu das Internet zu Hilfe oder befragt eure Eltern, Großeltern …

4 Präsentiert eure Ergebnisse der Klasse und vergleicht diese untereinander.

5 Bewertet eure Ergebnisse wie folgt:

FRAU		MANN	
+	−	+	−
− mehr Chancen im Berufsleben	− alleinerziehend	− Hilfe durch mitarbeitende Frau	− mehr Konkurrenz durch Frauen
− …	− …	− …	− …
− …	− …		

Verschiedene Kulturen – verschiedene Rollenbilder

Ich muss heute auf meine Geschwister aufpassen und dann mit meiner Mutter das Abendessen für die Familie vorbereiten.

Heute ist Disco im Jugendzentrum angesagt. Vorher gehe ich noch mit ein paar Kumpels eine Pizza essen und ein bisschen abhängen.

Musst du denn nicht zu Hause helfen? Das erlaubt dir deine Mutter, abends wegzugehen? Du darfst dich alleine mit Jungs treffen?

Nö, für meine Geschwister bin ich nicht verantwortlich. Und klar darf ich mit Jungs weggehen. Warum auch nicht? Wieso darfst du das nicht?

Das gehört sich nicht für ein türkisches Mädchen. Wir müssen schließlich auf unseren Ruf achten.

1 Gib das Gespräch der beiden Mädchen in eigenen Worten wieder.

2 Wie ist deine Meinung zu dem Thema?

3 Kennst du so ähnliche Situationen?

4 Woran liegt es, dass Halime eine andere Einstellung zum Weggehen und zu Jungs hat?

5 Vervollständige die Aufzählung in deinem Ethikheft:

> **Schlussfolgerung:** Das Verhalten bzw. die Einstellungen von Mädchen und Jungen wird bzw. werden vor allem durch:
> – ...
> – ...
> – ...
> aufgezeigt.

Diese Verhaltensweisen werden nicht nur im persönlichen Umfeld gelebt, sondern auch in den Medien.

Frauen- und Männerbilder in den Medien

1 Erkläre kurz, um was es in diesen beiden Bildern geht.

2 Erstelle zum Thema Medien eine Collage.
Bildet zwei Gruppen.
- Die Jungengruppe hat als Thema Frau in den Medien.
- Die Mädchengruppe hat als Thema Mann in den Medien.

3 Besprecht eure Collagen im Sitzkreis.

4 Welche Gemeinsamkeiten, welche Unterschiede stellt ihr in euren Collagen zwischen Männern und Frauen fest?

5 Ergänzt in euren Collagen typisch männliche oder weibliche Objekte/Symbole, die zu dem jeweiligen Geschlecht passen würden.

6 Vervollständige die Tabelle anhand deiner Collagenergebnisse.

Typisch FRAU	Typisch MANN
– sexy	– stark
– schlank	– groß
– ...	– ...
– ...	– ...

7 Was ist deine Meinung zur Darstellung von Frauen und Männern in den Medien?

8 Würdest du diese Männer- und Frauenbilder in den Medien ändern?
- Wenn ja, wie?
- Wenn nein, wieso nicht?

Traummann/Traumfrau gesucht!

SIE SUCHT IHN

Ich wünsche mir eine zuverl., lebendige Beziehung, in der ich mich wirklich wohlfühlen kann und in der Geben und Nehmen eine Selbstverständlichkeit ist.
Bin 44 J., alleinerziehend, dunkelhaarig, schlank, vielseitig interessiert. Würde mich über eine Antwort freuen. Zuschr. unter ...

ER SUCHT SIE

Himmel vorhanden, Engel gesucht!
Fröhlicher Augsburger, 19, 1,80 m, 78 kg, sportlich, NR, humorvoll, zuverlässig, sucht interessante Sternschnuppe für nette Abende, Tanzen, Sport, Reisen, Glücklichsein. Zuschriften mit Bild an ...

Lieg mit mir am Strand oder fahr mit mir zum Gardasee. Besuch mit mir die angesagtesten Bars od. lass uns gemeinsam ein Abendessen zaubern. Schwitz mit mir im Fitness-Studio oder relax mit mir bei Chill-out-Musik. Wenn du dies alles verlockend findest, wirst du der Richtige sein. Attr. Krebs-Frau 29, 1,68 m, 62 kg, dkl.-blond, berufl. etabliert. Zuschriften ...

EIN BAUCH VOLLER SCHMETTERLINGE
Ich, 53, ohne Anhang, 180 m groß und schlank, dunkelblonde Haare und braune Augen, zielstrebig, beruflich erfolgreich, verständnisvoll, natürlich, spontan, NR, mag Kultur, Kino, Lesen, Natur, Tiere, Reisen, Kinder, Tanzen und romantische Abende. Treibe Sport (Fitness, Tennis, Inlinen, Skifahren, Mountainbiken), habe Humor und lache gern. Melde dich unter ...

1 Schreibe das heraus, was den Suchenden bei ihrer Partnerwahl wichtig ist.

2 Suche aus den Anzeigen heraus, was die Suchenden selbst bereit sind für eine gute Partnerschaft zu geben?

3 Erstelle für dich selbst ein Cluster, in dem du notierst, was dein/e Traumpartner/in haben sollte und was du selber dafür geben kannst.

4 Fasse deine Clusterpunkte zu einer Kontaktanzeige zusammen.

5 Vergleicht eure Anzeigen miteinander und hängt jeweils die kreativste zu „Sie sucht ihn" und „Er sucht sie" im Klassenzimmer auf.

6 Welche Möglichkeiten gibt es noch, Partner zu finden?

Liebe ist …?

Ich bin mir meiner Seele

Ich bin mir meiner Seele
In deiner nur bewusst,
Mein Herz kann nimmer ruhen
Als nur an deiner Brust!
Mein Herz kann nimmer schlagen,
Als nur für dich allein.
Ich bin so ganz dein eigen,
So ganz auf immer dein.   *Theodor Storm*

Rosenstolz – Liebe ist alles

Hast du nur ein Wort zu sagen
Nur einen Gedanken
Dann lass es Liebe sein
Kannst du mir ein Bild beschreiben
Mit deinen Farben
Dann lass es Liebe sein

Wenn du gehst
Wieder gehst
Schau mir noch mal ins Gesicht
Sag's mir oder sag es nicht
Dreh dich bitte noch mal um
Und ich seh's in deinem Blick
Lass es Liebe sein
Lass es Liebe sein

Hast du nur noch einen Tag
Nur eine Nacht
Dann lass es Liebe sein

Hättest du nur eine Frage
Die ich nie zu fragen wage
Dann lass es Liebe sein

Wenn du gehst
Wieder gehst
Schau mir noch mal ins Gesicht
Sag's mir oder sag es nicht
Dreh dich bitte noch mal um
Und ich seh's in deinem Blick
Lass es Liebe sein
Lass es Liebe sein …

1 Vergleiche das Liebesgedicht mit dem Liedtext der Gruppe Rosenstolz.

2 Wie definierst du Liebe?

3 Gestalte bildnerisch deine Vorstellung von Liebe.

Mehr als nur Freunde?

Pia Baier, 19, freiwilliges ökologisches Jahr und **Konni Haarmann, 21**, Zivildienstleistender im Interview mit der Zeitschrift „Brigitte".

Pia Baier: „Dreieinhalb Jahre sind wir jetzt zusammen, gerade bin ich wieder voll verschossen in Konni, wie mit 16. Alle haben mich vor Konni gewarnt, weil er stadtbekannt war für seine unmöglichen Frauengeschichten. Aber jetzt, wo Konni seinen Zivildienst in Stuttgart macht und ich mein freiwilliges ökologisches Jahr am Federsee, lieben wir uns mehr denn je. Weil wir uns aufeinander freuen! Obwohl Konni mit Vögelbeobachten nicht so viel anfangen kann, kommt er trotzdem mit in den Wald. Dafür fahr ich auf seinem Motorrad mit."

Pia verrät außerdem weiter:

„Das ist das Geheimnis unserer Liebe: Wir sind unterschiedlich, lassen uns aber gegenseitig jeder sein Ding machen. Konni überrascht mich immer wieder, ist lustig, ehrlich und direkt. Außerdem erträgt er meine Hautkrankheit, die Neurodermitis. Er nimmt mich in den Arm, wenn ich anfange zu kratzen. Das ist wahre Liebe!"

Konni Haarmann:

„Wir haben uns auf einer Party kennengelernt, als alle schon eingeschlafen waren und wir beide mit nur einem Schlafsack übrig blieben. Es gefällt mir, dass Pia immer so fröhlich und lustig und klug ist. Sie mag die Kunst und ich die Technik. Ich grille gern, sie isst Schafskäse – Gegensätze ziehen sich an. Ich weiß, dass es die große Liebe ist, weil ich für Pia Dinge tue, die ich für keinen anderen auf der Welt tun würde: morgens früh aufstehen und ihr Frühstück machen zum Beispiel. Oder dieses Interview geben."

6 Verantwortung für Mensch und Umwelt

1 Lies dir das Interview durch.

2 Wenn du die Aussagen von Pia und Konni vergleichst, was fällt dir dabei auf?

3 Worauf baut die Beziehung der beiden auf?

4 Was ist für dich wichtig in einer Beziehung? Erstelle eine kurze Liste und begründe deine Aussagen.

> 1. Treue, weil ...
> 2. Rücksicht, weil ...
> 3. ...
> 4. ...
> 5. ...

5 a) „Gegensätze ziehen sich an." Was meint man mit diesem Ausspruch?

b) Gilt diese Aussage auch für deine Beziehungsvorstellung? Begründe.

6 Glaubst du, dass es in einer Beziehung klappen kann, wenn die Partner zu verschieden oder zu ähnlich sind?

Liebe ist Geben und Nehmen

7 Wie würdest du diesen Ausspruch mit eigenen Worten erklären.

8 Liebe bedeutet nicht, sich aufzugeben oder seine Persönlichkeit zu verändern. Warum ist es wichtig, sich selbst treu zu bleiben? Übertrage die Zeichnung in dein Heft und ergänze.

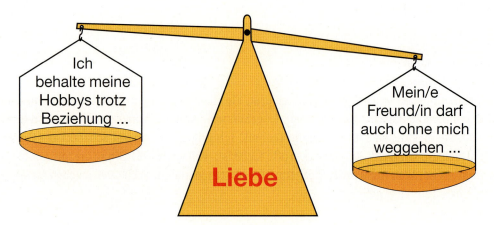

Doktor Love rät ...

Sabine, 15 Jahre alt, schreibt:

> Hallo Herr Doktor Love, mein Freund möchte von mir Nacktfotos machen. Eigentlich habe ich dazu gar keine Lust. Aber ich habe Angst, meinen Freund zu verlieren, wenn ich nicht mitmache.
>
> Was soll ich tun?

Benni, 15 Jahre alt, schreibt:

> Ich habe folgendes Problem: Meine Freundin verabredet sich ständig mit anderen Jungs. Ich habe deswegen schon öfter mit ihr gestritten. Aber sie hat kein Verständnis dafür und versteht mich gar nicht. Nun überlege ich, ob ich nicht Schluss machen sollte.

1 Stell dir vor, du bist Doktor Love und bekommst diese Briefe.

2 Welche Ratschläge würdest du Sabine und Benni geben?

3 Schreibe hierzu Antwortbriefe.

4 Welcher Ratschlag erscheint euch am besten? Argumentiert, weshalb die eine oder andere Idee sinnvoller wäre.

5 Welche Erwartungen hast du an deinen Freund/deine Freundin?

Spielidee: Herzblatt

Teilnehmer: 3 Jungen – 1 Mädchen oder 3 Mädchen – 1 Junge und 1 Moderator

Spielverlauf: Das Mädchen/der Junge überlegt sich drei Fragen, welche sie/er an die Kandidaten/innen stellen möchte. Der Moderator stellt die Teilnehmer kurz vor und liest die Fragen vor. Die Kandidaten/innen antworten möglichst rasch und spontan auf die Fragen. Nach der Befragung wird dann das Herzblatt mit den besten Antworten von dem Mädchen bzw. von dem Jungen gewählt.

Lass uns mal reden!

„Mir reicht es jetzt. Immer wenn ich ausgehe, bist du beleidigt!"

„Was heißt hier beleidigt? Ich kann ja wohl erfahren, wo du hingehst …"

„Dafür interessierst du dich also? Das geht dich gar nichts an. Ich habe mein eigenes Leben."

„Wir gehen schließlich miteinander. Da habe ich ein Recht darauf, zu erfahren, was du die ganze Zeit so treibst."

„Das wird mir zu eng. Wir sind nicht miteinander verheiratet. Das hat nichts mehr mit Liebe zu tun. Du tust so, als wäre ich wie deine Ex."

„Jetzt kommt diese Leier wieder. Du tust immer so, als hätte ich noch was mit meiner Ex laufen. Sie ist eben eine sexy Frau. Du könntest dich ja auch mal schick anziehen, wenn wir weggehen."

„Ach ja, jetzt bin ich also wieder an allem schuld?! Du machst ja nie etwas falsch. Wie so oft! Du hast mich immer wieder verletzt. Ich bin dir jedenfalls treu. Dir habe ich immer wieder verziehen, aber du …"

„Du bist so eifersüchtig. Was kann ich dafür, wenn mich andere auch gut finden. Du benutzt mich doch nur. Ständig nörgelst du an mir herum. Ich kann nichts richtig machen."

„Jetzt ist Schluss, du Idiot. Du liebst mich ja gar nicht richtig."

„So ist das also, blöde Kuh. Dir bedeutet unsere Freundschaft gar nix. Dann geh doch!"

„Das mache ich auch! Hau ab! Dich will ich nie mehr sehen!"

1 a) Wenn du dieses Streitgespräch liest,
- bist du entsetzt über die Ausdrucksweise;
- erkennst du deine Art zu streiten wieder;
- würdest du am liebsten weinen;
- würdest du dich am liebsten einmischen;
- wunderst du dich, warum die beiden eigentlich ein Paar sind?

b) Welche der vorgegebenen Reaktionen spricht dich am ehesten an.

c) Erkläre, warum.

2 Welche Folgen kann ein solches Streitgespräch haben?

3 Nenne verschiedene Möglichkeiten, damit ein solches Gespräch nicht außer Kontrolle gerät:
- nicht laut werden und schreien
- ...
- ...

4 Verfasse zusammen mit deinem Partner ein Streitgespräch mit den von euch überlegten Möglichkeiten aus Aufgabe 3.

5 Spielt eure Ergebnisse als Rollenspiel vor.

6 a) „Wer lächelt, statt zu toben, ist immer der Stärkere."
                                                    Japanische Weisheit

b) Nimm zu dieser Aussage Stellung.

c) Worin könnte die Stärke liegen?
- Ist es vielleicht die Stärke, Ruhe zu bewahren?
- Ist es vielleicht die Stärke, den Überblick zu behalten?
- Ist es vielleicht Angst, sich den Herausforderungen zu stellen?
- Ist es vielleicht die Stärke, den anderen trotz Unstimmigkeiten respektvoll zu behandeln?

d) Welche dieser vorgegebenen Möglichkeiten, glaubst du, ist die richtige?

7 Warum ist gegenseitiger Respekt im Umgang miteinander so wichtig?

8 Gib verschiedene Bereiche an, die ohne gegenseitigen Respekt nicht funktionieren können.

| Familie | Schule | ? | ? |

9 Formuliere fünf eigene Regeln, wie du mit jemandem respektvoll umgehen kannst.

1. Den Gesprächspartner ausreden lassen
2. ...
3. ...
...

6 Verantwortung für Mensch und Umwelt

Sag Nein, wenn du Nein meinst!

Silvie, 15 Jahre alt, Schülerin der Realschule Weißenhorn, hatte vor drei Tagen ein furchtbares Erlebnis, als sie mit ihrem Schulfreund Hannes, 16 Jahre alt, in der Jugenddisco unterwegs war. Hannes versuchte im Dunkeln, unter Silvies Rock zu langen. Silvie wollte nicht, hatte aber Angst, als Langweilerin dazustehen, und machte deshalb am Anfang mit.

Mit der Zeit fühlte sie sich immer schlechter, als Hannes sie immer heftiger anfasste. Silvie stammelte halbherzig, er solle doch aufhören, was Hannes aber nicht ernst nahm. Erst als Silvie laut „Nein, ich will das nicht" schrie, erkannte Hannes, dass er zu weit gegangen war. Im anschließenden Gespräch beschimpfte Hannes Silvie als eine blöde Kuh, die selber nicht weiß, was sie will.

1 Beschreibe mögliche Gefühle von Silvie und Hannes nach dieser Situation.

2 Worin liegt der Fehler, den beide gemacht haben?

3 Überlege dir verschiedene Möglichkeiten, die Silvie vor einer solchen Situation bewahrt hätten.

4 Kennst du solche Situationen aus eigener Erfahrung oder aus Erzählungen anderer?

5 Wie ist es dir dabei gegangen? Wie hast du dich oder hat sich die erzählende Person verhalten?

Spielidee: Sag NEIN!

Vorbereitung: Sammelt in der Gruppe verschiedene Situationen in denen es um das Neinsagen geht; schreibt diese Situationen einzeln auf Karten.

Ziel des Spiels: Aufzeigen und bewerten verschiedener Situationen, in denen es um das Neinsagen geht.

Teilnehmer: 3 Jungen – 3 Mädchen

Spielverlauf: Jeweils ein Mädchen und ein Junge bilden ein Paar und spielen eine auf Karten vorgegebene Situation. Jedes Paar spielt seine Rolle, nachdem es seine Spielkarte gezogen hat, nacheinander vor. Die Klasse ist als Beobachter eingesetzt. Sie muss die Rollenspiele in Stichpunkten festhalten und in der anschließenden Diskussion bewerten.

Wir sind enttäuscht

Sowohl Silvie als auch Hannes sind von dem Ausgang des Abends enttäuscht.

Silvie: „Ich fand es blöd, dass Hannes mir gleich an die Wäsche gegangen ist. Null Romantik. Ich hätte nicht geglaubt, dass ich es richtig mit der Angst zu tun bekommen könnte. Hannes war sonst immer so zurückhaltend und höflich, eher schüchtern. Richtig süß! Aber Gott sei Dank hat er dann doch noch richtig reagiert, als ich ausgeflippt bin."

Hannes: „Es begann so toll, die Musik war super, die Stimmung echt geil, und Silvie sah toll aus. Na ja, irgendwann haben wir ein bisschen rumgemacht, bis sie plötzlich ausflippte. Zuerst habe ich es gar nicht mitbekommen, was ihr Problem ist, bis sie mich lauthals anschrie, ich solle aufhören. Mann, dann war der Abend gelaufen. Ich weiß bis heute nicht, was verkehrt gelaufen ist."

1 Lest euch folgende Aussagen von Silvie und Hannes laut vor und besprecht in der Runde, welche Meinungen die zwei vertreten.

2 Beide sind von dem Abend enttäuscht worden. Schildere mit deinen Worten, worin die Enttäuschungen für Hannes und Silvie lagen.

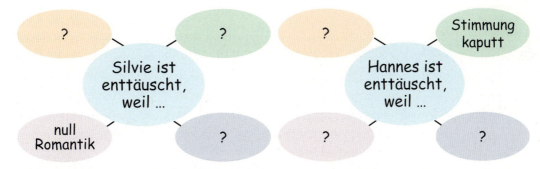

3 Wie könnten Hannes und Silvie ihre Freundschaft trotz des Vorfalls noch retten?

4 Stellt eure Ergebnisse als Rollenspiel dar.

5 Respekt ist ein unerlässlicher Faktor bei Freundschaft, Liebe und Sexualität. Nenne wichtige Argumente, die für diese Aussage sprechen.

Homosexualität: Kann das Liebe sein?

1 Was siehst du auf diesem Bild?

2 Beschreibe deine Empfindungen. Was geht dir durch den Kopf?

3 Welche Begriffe fallen dir in Zusammenhang mit Homosexualität ein? Notiere.

4 Lege mit deinen Mitschülern eine Liste mit Erklärungen an, die sämtliche Begriffe zum Thema Homosexualität aufgreift.

„Ich war eines der anderen Kinder. In meiner Schulzeit wurde ich oft als Schwuchtel beschimpft. Das Wissen, tatsächlich schwul zu sein und das niemandem anvertrauen zu können und noch dazu damit gehänselt und ausgelacht zu werden, war fast unerträglich. Nur dank meiner Familie und guter Freunde habe ich heute einen freudvollen und normalen Umgang mit meinem Schwulsein gefunden." *(Mario, 21 Jahre)*

Mindestens 5 bis 10 % aller Menschen lieben gleichgeschlechtlich. Es gibt also in jeder Schule homosexuell orientierte Jugendliche. Deshalb ist es wichtig, über dieses Thema Bescheid zu wissen und Toleranz zu zeigen.

Was ist eigentlich Homosexualität?

Sexuelle Aktivität mit Partnern des gleichen Geschlechts. (...) Der Deutsche Bundestag schaffte 1994 den §175StGb ab, der gleichgeschlechtliche Liebe von Männern zu Jugendlichen unter 18 Jahren unter Strafe stellte. (...)

Entstehung: Gründe und Anlass für Homosexualität sind ungeklärt, die Bedeutung des bei homosexuellen Männern gehäuft vorgefundenen Gens Xq 28 bleibt umstritten.

Risiken: Beim homosexuellen Verkehr von Männern erhöhte Verletzungsgefahr (Blutungen durch Gefäßrisse), dadurch eine besondere Anfälligkeit für HIV-Infektionen

Toleranz*: Homosexualität unter Erwachsenen ist seit 1969 straffrei, gehäuft gewalttätige Übergriffe auf homosexuelle Männer

6 Verantwortung für Mensch und Umwelt

4 Informiere dich genau über den Umgang mit der Homosexualität im Laufe der Zeit.

5 Lies die verschiedenen Aussagen und diskutiere mit deinen Mitschülern darüber.

Manuel, 14 Jahre:
Ich finde Schwule einfach blöd. Mein Vater sagt, die sind nicht ganz normal und krank im Kopf.

Tom, 15 Jahre:
Homosexuelle denken nur an Sex und wechseln ständig ihre Partner.

Sedat, 16 Jahre:
Ich staune nur, wie offen man in Deutschland mit diesem Thema umgeht. Mir ist es schon peinlich, wenn ich so etwas sehe. Ich finde, dass man das im Fernsehen jetzt dauernd sieht. Es ist doch etwas nicht Normales, muss das sein?

Marisa, 13 Jahre:
Die sind doch alle krank, haben Aids und andere Geschlechtskrankheiten!

David, 14 Jahre:
Ich weiß auch nicht; manche Schwule verhalten sich wie Frauen. Lesben sehen manchmal aus wie Männer und verhalten sich auch so. Ist doch komisch!

Sandra, 15 Jahre:
Jeder soll doch lieben, wen er will. Ob das andere normal finden, ist mit völlig egal. Meine Eltern kennen zwei junge Männer, die sich haben trauen lassen. Ich kenne die auch und das sind Menschen wie du und ich!

6 Inwieweit handelt es sich bei all den Aussagen um Vorurteile? Begründe deine Meinung.

7 Vergleiche die Aussage von Sandra mit denen der anderen in der Klasse. Was fällt dir dabei auf?

8 In Deutschland gibt es seit 2001 die sogenannte Lebenspartnerschaft. Damit kam es zu einer weitgehenden Gleichstellung im Erb-, Straf-, Sozial- und Mietrecht mit heterosexuellen Paaren. Wie kommt dieses neue Gesetz bei anderen an? Stellt eurer Familie und euren Freunden Fragen.

9 Wie wird in anderen Ländern mit der Homosexualität und evtl. mit der „Homo-Ehe" umgegangen? Nimm zu folgendem Satz Stellung: In Deutschland eine Besonderheit – in der Welt nicht.

10 Wie steht die Kirche dazu? Sprich über mögliche Motive für unterschiedliche Standpunkte.

Zum Nachdenken: Mensch Jörg, es war so schön

nach Hans-Georg Noack

Wer sich einbildet, eine Klasse bestünde aus lauter Freunden, der muss ein verdammt schlechtes Gedächtnis haben. Seien wir doch mal ehrlich. Von den siebenundzwanzig in unserer Klasse mag ich vier oder fünf ganz gern, die meisten sind mir völlig gleichgültig, und ein paar kann ich nicht ausstehen. Warum auch Freundschaft? Nur weil wir jetzt schon so lange in derselben Klasse hocken? Werden Menschen zu Freunden, weil sie sich lange kennen und immer genauer kennenlernen? Kann's nicht auch anders herum sein?

Freundschaft! Einen Freund hatte ich in dieser Klasse. Ein paar Kumpels, ja, aber nur einen Freund. Ich habe lange nicht mehr an diese Freundschaft gedacht ... Ich drehe den Kopf zur Seite. Schräg hinter mir sitzt Jörg, und er sieht auch gerade zu mir her, aber das ist nur ein Zufall, und er schaut auch gleich wieder weg.

Schon im vierten Jahr waren wir in dieser Klasse, und wir waren einander herzlich gleichgültig; wir kamen ganz gut miteinander aus, hatten keinen Streit, das war aber auch alles. Wie wir wirklich Freunde geworden sind? Eines Tages kamst du in der Pause zu mir und fragtest so schüchtern, als müsstest du ein Mädchen ansprechen: „Du, Bernd, kommst du morgen zu meinem Geburtstag?" Ich hätte einfach Nein sagen können oder auch „meinetwegen", aber ich habe gesagt: „Gern. Wenn du nächste Woche auch zu meinem kommst." Und du hast richtig froh gelächelt und gesagt: „Auch gern."

Ich glaube, damit hat es angefangen, damals. Und dann, Mensch Jörg, es war schön! Wenn mich etwas gefreut hat, irgendetwas, dann wäre ich am liebsten immer gleich losgelaufen, um es dir zu erzählen. Und wenn mich etwas geärgert hat, dann war's nicht mehr so schlimm, wenn ich mit dir darüber gesprochen hatte. Und ich weiß, dir ging es ebenso. Mit dir bin ich ins Kino, auch wenn ich den Film gar nicht mochte. Und wir wussten alles voneinander. Da gab's keine Heimlichkeiten und keine Peinlichkeiten. Unser Taschengeld haben wir zusammengeworfen. Uns konnte nichts auseinanderbringen, da waren wir beide völlig sicher.

Einmal hab ich mir Sorgen gemacht. Eigentlich, fand ich, war es nicht nur Freundschaft; es war eher das, was ich mir unter Liebe vorstellte. Ein paar Tage fürchtete ich, mit mir sei irgendetwas nicht in Ordnung, aber das war Unsinn. Wir waren Freunde, mehr nicht.

Bis in die Neunte. Genauer: bis zu den Sommerferien. Eigentlich hatten wir uns vorgenommen, gemeinsam wegzufahren, aber es klappte nicht, seltsamerweise waren alle vier Eltern nicht einverstanden, wollten uns unbedingt mit in ihren langweiligen Urlaub nehmen. Du fuhrst mit deinen Eltern nach Italien, ich mit meinen ans Meer. Aber wir haben uns Karten geschrieben, ziemlich oft sogar, wenn man bedenkt, welche Überwindung uns beide das Schreiben kostete.

Und dann waren die Ferien vorbei, wir waren wieder beisammen, und es muss am zweiten oder dritten Tag danach gewesen sein, da habe ich mittags gefragt: „Heute Nachmittag, wie immer?" Und du hast den Kopf geschüttelt und geantwortet: „Geht nicht, Bernd. Ich muss was für meinen Vater erledigen." Am Nachmittag bin ich in die Eisdiele am Markt gegangen und da hab ich dich gesehen. Mit einem Mädchen. Ich kannte es nicht, aber ich fand es auch ganz niedlich, wie das Mädchen, das ich am Meer kennengelernt hatte, das aber nicht in unserer Stadt wohnte. Ich bin wieder gegangen. Du hattest mich nicht gesehen. Und am nächsten Morgen habe ich dich gefragt: „Was hattest du denn gestern vor?" Vom Büro deines Vaters hast du mir etwas erzählt. Kein Wort von der Eisdiele und dem Mädchen.

Damit war's aus. Ich hab nichts gesagt. Wir haben uns auch weiter getroffen, aber immer seltener und seltener, und schließlich war es so wie früher. Wir kamen ganz gut miteinander aus, mehr nicht. Ich wusste nichts mehr von dir, und ich habe dir nichts mehr von mir erzählt. Wie mich das damals mitgenommen hat, davon hast du nichts gemerkt. Für mich warst du ein Verräter geworden, kein Freund mehr. Freundschaft – ewig, fest und schön! Vielleicht hat es mir damals wirklich zu viel ausgemacht. Und vielleicht waren meine Vorwürfe nicht berechtigt, weil sie sich nur gegen dich richteten, gar nicht gegen mich. Es muss doch einen Grund gehabt haben, dass du plötzlich glaubtest, etwas vor mir verheimlichen zu müssen. Hast du eines Tages das Gefühl gehabt, du müsstest unsere Freundschaft gegen deine Freiheit eintauschen? War die Freundschaft so ausschließlich, dass sie dir nicht mehr genug Raum ließ? Muss man sich vielleicht in unserem Alter immer wieder trennen, wenn man weiterkommen will?

1 „Geteilte Freude ist doppelte Freude!"
Erläutere diese Aussage. Was bedeutet das für eine Freundschaft, vielleicht auch Liebe?

2 „... und da habe ich dich gesehen, mit einem Mädchen." Welche Gefühle hatte Bernd? Beschreibe sie mit den Sätzen: „Das kann doch nicht wahr sein, ich ..."

3 Zum Schluss der Geschichte werden viele Fragen von Bernd zum Thema Freundschaft gestellt. Schreibe einen Antwortbrief aus Sicht von Jörg und versuche dabei, diese Fragen zu klären.

4 Lassen sich die Vorstellungen von Freundschaft auch auf die Liebe übertragen? Stimmen sie mit deinen Vorstellungen überein?

5 Kennst du einen Vorfall, der deiner Meinung nach wirklich eine gute Freundschaft gefährden könnte? Erzähle davon.

6 Wie verändert sich Freundschaft von der Kindheit bis ins Erwachsenenalter?

Natur und Umwelt

Mensch und Umwelt – früher und heute

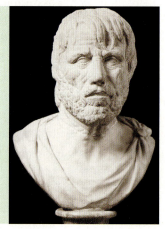

Weit und breit wird es keinen See mehr geben, dem nicht die Bebauung mit euren Zweitvillen droht, keinen Fluss, an dessen Ufer nicht eure Häuser stehen. Überall wo Thermalquellen hervorsprudeln, werdet ihr neue Luxushotels emporschießen lassen. Überall wo der Küstenstreifen eine kleine Bucht bildet, werdet ihr neue Fundamente ins Meer hinaustreiben. Auch wenn überall Häuser in ihrem Glanz erstrahlen – im Gebirge mit weitem Ausblick aufs Land oder Meer oder aus der Ebene bis hinauf in die Hügel gebaut –, auch wenn ihr viel Beeindruckendes errichtet habt, ihr werdet trotzdem immer nur kleine Menschen bleiben.
Seneca (ca. 1–65 n. Chr.)

1 Was weißt du über die Zeit, in der Seneca gelebt hat?
2 Vergleiche das Foto mit der Aussage Senecas. Erkläre, weshalb diese Aussage nichts an Aktualität eingebüßt hat.
3 Was meint Seneca mit der Aussage „auch wenn ihr viel Beeindruckendes errichtet habt, ihr werdet trotzdem immer nur kleine Menschen bleiben"?

Merke: Vor rund 10 000 Jahren stellten die Menschen ihre Lebensform um: Sie wurden sesshaft, rodeten Wälder, bauten Getreide an und züchteten Vieh. Bis dahin zogen sie als Jäger und Sammler umher. Man weiß bis heute nicht genau, warum die Menschen ihr Nomadenleben aufgaben und Ackerbauern und Viehzüchter wurden. Infolgedessen entwickelte sich die Handwerkskunst und die Stadtkultur. Ab diesem Zeitpunkt versuchten die Menschen verstärkt, die Natur in ihrem Sinne zu verändern.

1 Gemälde und Stiche mit qualmenden Schloten waren aus damaliger Sicht noch keine Anklage gegen Umweltverschmutzung. Was sollten sie wohl stattdessen zeigen?

2 Wie präsentiert sich euer Wohnort in einem aktuellen Prospekt, um seine Wirtschaftskraft zu demonstrieren?

3 Überlege dir mögliche Gründe, weshalb man in den vergangenen Jahrhunderten keine entscheidenden Maßnahmen zum Umweltschutz ergriffen hat.

> **Merke:** Der zweite bedeutende Einschnitt im Verhältnis des Menschen zur Umwelt ereignete sich in der Mitte des 18. Jahrhunderts, als in England eine Entwicklung begann, die als industrielle Revolution in die Geschichte eingehen sollte. Mit der Erfindung der Dampfmaschine von James Watt wurde das Maschinenzeitalter eingeleitet. Infolgedessen veränderten zahlreiche technische Neuerungen das Leben der Menschen: Dampfschiffe, Eisenbahn, Industriemaschinen in Fabriken. Die Arbeit kam nun nicht mehr zum Menschen, sondern der Mensch musste dorthin ziehen, wo es Arbeit gab, und das waren die Industriestandorte in den Städten. Die Bevölkerung und die Städte wuchsen, sodass viele bis dahin unbekannte Probleme entstanden, die uns heute noch beschäftigen.

Bereits damals gab es schon Menschen, die sich gegen die zunehmende Industrialisierung einsetzten. Der Mediziner Anton Dorn äußerte sich im Jahre 1802 gegen eine Inbetriebnahme einer Glashütte in Bamberg:

> „[…] Das Erste, was einem jeden sogleich dabei in die Augen oder vielmehr in die Nase fallen muss, ist das Unangenehme dieses immer währenden stinkenden Ruchwerks für die Stadt und die Weiden. […] Nicht so auffallend ist freilich der Nachteil für das Leben und die Gesundheit […] Aber doch entstehen auch in diesem Falle besonders bei Ungewöhnten und Schwächlingen auf der Brust allerlei Übelbefinden von größerer oder geringerer Bedeutung, als Kopfwehe, Schwindel, Betäubung, allgemeine Ermattung, Schläfrigkeit, Zittern, Übelkeit und Erbrechen, Brustbeklemmung, Heiserkeit, ein lästig kitzelnder Husten, Blutspeien und dergleichen. […] Das Wichtigste aber unter allen ist der Nachteil einer solchen Glashütte für die Vegetation der Gegend. […]

6 Verantwortung für Mensch und Umwelt

Wir haben nur die eine Erde

> Der Schutz der natürlichen Lebensgrundlagen ist, auch eingedenk der Verantwortung für die kommenden Generationen, der besonderen Fürsorge jedes Einzelnen und der staatlichen Gemeinschaft anvertraut. **Tiere** werden als Lebewesen und Mitgeschöpfe geachtet und geschützt. Mit **Naturgütern** ist schonend und sparsam umzugehen. Es gehört auch zu den vorrangigen Aufgaben von Staat, Gemeinden und Körperschaften des öffentlichen Rechts, **Boden**, **Wasser** und **Luft** als natürliche Lebensgrundlage zu schützen, eingetretene Schäden möglichst zu beheben oder auszugleichen und auf möglichst sparsamen Umgang mit Energie zu achten, die Leistungen des **Naturhaushaltes** zu erhalten und dauerhaft zu verbessern, den **Wald** wegen seiner besonderen Bedeutung für den Naturhaushalt zu schützen und eingetretene Schäden möglichst zu beheben oder auszugleichen, die heimischen **Tier- und Pflanzenarten** und ihre notwendigen Lebensräume sowie kennzeichnende **Orts- und Landschaftsbilder** zu schonen und erhalten.
>
> Bayerische Verfassung, Artikel 141, 1

1 Nenne die natürlichen Lebensgrundlagen, die durch den Artikel 141, 1 der Bayerischen Verfassung geschützt werden sollen?
2 Welcher Grund wird für diesen Schutz angeführt?
3 Werden diese Maßnahmen deiner Meinung nach konsequent erfüllt?
4 Ordne hier die Wirklichkeit dem Ideal zu.

Ideal	Wirklichkeit
Tierschutz	Die CO_2-Grenzwerte werden in vielen Städten zu Stoßzeiten überschritten.
Sparsamer Umgang mit Naturgütern	Zur Verbreiterung der A8 mussten große Waldflächen gerodet werden.
Bodenschutz	Hühner in einer Legebatterie haben einen Lebensraum von einem DIN-A4-Blatt.
Wasserschutz	Bei jeder Toilettenspülung werden ca. 5 bis 10 Liter frisches Trinkwasser verbraucht.
Luftschutz	Bei der Flutung des fränkischen Brombachsees starben mehrere 100 Tier- und Pflanzenarten.
Sparsamer Umgang mit Energie	Wasserproben von Flüssen oder Seen fallen immer wieder negativ aus.
Schutz des Waldes	Zur Schädlingsbekämpfung werden regelmäßig Pestizide eingesetzt.
Erhalt der heimischen Tier- und Pflanzenarten	In vielen Städten entstehen riesige Einkaufszentren am Stadtrand.
Erhalt typischer Orts- und Landschaftsbilder	Bei vielen Menschen läuft den ganzen Tag der Fernseher, ohne dass sie hineinschauen.

5 Nenne Gründe, weshalb das Ideal häufig nicht umgesetzt wird.

Andere Erde

Wenn erst die Bäume gezählt sind und das Laub
Blatt für Blatt auf die Ämter gebracht wird
werden wir wissen, was die Erde wert war.
Einzutauchen in Flüsse voll Wasser
und Kirschen zu ernten an einem Morgen im Juni
wird ein Privileg sein, nicht für viele.
Gerne werden wir uns der verbrauchten Welt
erinnern, als die Zeit sich vermischte
mit Monstern und Engeln, als der Himmel
ein offener Abzug war für den Rauch
und Vögel in Schwärmen über die Autobahnen flogen
(wir standen im Garten, und unsere Gespräche
hielten die Zeit zurück, das Sterben der Bäume
flüchtige Legenden von Nesselkraut).

Shut up. Eine andere Erde, ein anderes Haus.
(Ein Habichtflügel im Schrank. Ein Blatt. Ein Wasser.)

Christoph Meckel

1 Dieses Gedicht von Christoph Meckel entstand in den 1970er-Jahren und zeichnet ein düstere Zukunft. Welche Prognosen stellte der Autor auf?
2 Das Bayerische Naturschutzgesetz wurde 1982 verabschiedet und seither immer wieder ergänzt. Inwiefern könnte Christoph Meckel mit seinen Gedanken Einfluss auf das Umweltbewusstsein seiner Generation gehabt haben?
3 Machst du dir Sorgen um die Umwelt? Ergänze das Cluster mit Beispielen, die dir Angst bereiten.

Verantwortungsbewusster Lebensstil?

1 Führt unsere Gesellschaft einen umwelt- und verantwortungsbewussten Lebensstil?

2 Welche Umweltbereiche werden durch diesen Lebensstil geschädigt?

3 Umweltschutz bedeutet Verzicht auf Komfort und Gewohnheit. Worauf könntest du der Natur zuliebe verzichten?

Ein ganz normaler Tag

Marcel wird von seinem Radiowecker geweckt und geht ins Bad. Da es noch dunkel ist, muss er das Licht anknipsen. Dort schaltet er das Radio ein, währenddessen sein Radiowecker immer noch an ist, ebenso wie das Licht in seinem Zimmer. Mit seiner elektrischen Zahnbürste putzt er die Zähne, das Wasser läuft dabei die ganze Zeit. Dann springt er unter die Dusche. Während er seine Haare wäscht, läuft die ganze Zeit die Brause, da er es so angenehm findet. Zum Frühstücken geht er in die Küche. In seinem Zimmer und im Bad läuft jeweils noch das Radio, auch das Licht brennt immer noch in beiden Zimmern, obwohl es draußen bereits hell wird. In der Küche wird auch das Radio angeknipst, der Toaster und die Kaffeemaschine in Betrieb genommen. Im Kühlschrank muss er lange nach der Butter und der Marmelade suchen. Während er seinen Toast schmiert, bleibt der Kühlschrank offen, denn die Sachen werden doch ohnehin gleich zurückgestellt. Für die Pause nimmt er sich ein belegtes Brot und einen Schokoriegel mit. Das Brot umwickelt er mit Alufolie. Auf dem Weg zur Schule bekommt er bereits Lust auf den Riegel. Doch wohin mit der Verpackung? Er wirft sie auf die Straße. Es war ja kein Müllbehälter in der Nähe! In der Schule läuft alles wie gewöhnlich ab, doch in dieser Woche hat er Tafeldienst. Während er nach Schulschluss die Tafel säubert, läuft die ganze Zeit der Wasserhahn. Selbst danach dreht er ihn vor lauter Eile nicht ganz zu. Auch das Licht macht er beim Verlassen des Klassenzimmers nicht aus. Sein Pausenbrot hat er noch nicht ganz aufgegessen. Er will es nicht mehr und schmeißt es mit der Alufolie in den Bio-Müll. Als er zu Hause ankommt, brennt in seinem Zimmer, in der Küche und im Bad immer noch das Licht. Er setzt sich sofort vor den Fernseher, den er über die Fernbedienung einschaltet, denn er lässt den Apparat immer im Stand-by-Modus. Weil es ihm zu warm ist – die Heizung ist auf 24 °C eingestellt – öffnet er das Fenster. So, jetzt ist es angenehm. Jetzt nur noch ein Fertiggericht in den Ofen schieben und der Tag ist gerettet ...

1 Beurteile Marcels Gewohnheiten. Hat er einen verantwortungsbewussten Lebensstil gegenüber der Natur und Umwelt?

2 Was müsste er an seinen Gewohnheiten ändern?

3 Überprüfe deinen persönlichen Tagesablauf dahingehend, ob du verantwortungsbewusst mit den Naturgütern und der Umwelt umgehst.

4 Im Internet findest du einige Vorschläge, Anregungen und Aktionen zum Thema Umweltschutz. Informiert euch über aktuelle Projekte und setzt eines um, z. B. www.lfu.bayern.de, www.stmugv.bayern.de, www.stmuk.bayern.de.

5 Wie könnt ihr an eurer Schule Energie einsparen und Müll vermeiden? Gestaltet einen Projekttag zum Thema Umweltschutz.

Zum Nachdenken: Häuptling Seattle

Häuptling Noah Seattle, auch Seathl (geboren vermutlich 1786 auf Blake Island, Washington; gestorben am 7. Juni 1866 in der Suquamish-Reservation, Washington) war ein amerikanischer Indianerhäuptling. Er ist Namensgeber der US-amerikanischen Großstadt Seattle. Er war Sohn des Suquamish-Häuptlings Schweabe. Aufgrund der mütterlichen Erbfolge und als Sohn von Scholitza, Tochter eines Duwamish-Häuptlings, gehörte er selbst zum Volk der Duwamish.

Bekannt wurde Häuptling Seattle durch die Rede, die er im Januar 1854 bei einer Anhörung vor Isaac I. Stevens, dem Gouverneur der Washington Territories, gehalten hat. Hierbei ging es um die Tatsache, dass die weißen Siedler das Land der Indianer kaufen wollten. Für die Indianer war die Vorstellung, dass Natur käuflich sei, absurd. Seattle räumte in der Rede die Machtlosigkeit seines Volkes ein, das den Platz für die weiße Übermacht räumen und sich in Indianer-Reservate zurückziehen musste. Er wies die amerikanischen Siedler aber auch auf ihre Verantwortung ihrem Land gegenüber hin.

Die Rede und ihre Dauer von etwa einer halben Stunde sind historisch dokumentiert. Allerdings gibt es keine gesicherte Niederschrift des Inhalts, sodass viele unterschiedliche Versionen im Umlauf sind. Seine Worte gewannen eine starke Bedeutung für die Umweltbewegung.

> Lehrt eure Kinder, was wir unsere Kinder gelehrt haben, dass die Erde unsere Mutter ist.
> Was immer der Erde widerfährt, widerfährt den Söhnen und Töchtern der Erde.
> Wenn Menschen auf den Boden spucken, spucken sie auf sich selbst.
> Wir sind ein Teil der Erde und sie ist ein Teil von uns.
> Die duftenden Blumen sind unsere Schwestern, das Reh, das Pferd, der große Adler – sind unsere Brüder.
> Die felsigen Höhen, die saftigen Wiesen, die Körperwärme des Ponys und der Mensch – all das gehört zur gleichen Familie.
>
> *Häuptling Seattle, 1854*

Weitere überlieferte Weisheiten von Indianern:

> Wir haben die Erde von unseren Eltern nicht geerbt, sondern wir haben sie von unseren Kindern nur geliehen.
>
> *Altes Indianersprichwort*

> Erst wenn der letzte Baum gerodet, der letzte Fluss vergiftet, der letzte Fisch gefangen, werdet ihr feststellen, dass man Geld nicht essen kann.
>
> *Weisheit der Cree-Indianer*

7 Grundlegende Maßstäbe menschlichen Handelns: Werte, Normen und Tugenden

*„Edel sei der Mensch,
hilfreich und gut."*

(Johann Wolfgang von Goethe, 1749–1832)

7 Grundlegende Maßstäbe menschlichen Handelns: Werte, Normen und Tugenden

Werte

Grundsätzliches zum Wertbegriff

Der Begriff „Wert" beschreibt einen grundlegenden ethischen Orientierungsmaßstab für menschliches Urteilen (vgl. die Frage „Was ist gut oder böse?") und Handeln. Man unterscheidet zwischen materiellen, immateriellen und ideellen Werten. **Materielle** Werte sind stoffliche Dinge, die man anfassen und meist kaufen kann (Haus, Handy, Gameboy, Auto usw.). **Immaterielle** Werte sind nicht stofflich, also nicht zum Anfassen. Häufig kann man sie aber erwerben (z. B. Patente, Erfindungen oder die Rechte an einem Buch). **Ideelle** Werte, wie z. B. Liebe, Vertrauen, Gesundheit, Freundschaft usw., kann man sich nicht kaufen.

Werte sind die **Grundlagen von Normen**. Erst wenn eine Gesellschaft weiß, was für sie wichtig und moralisch gut ist (z. B. die Würde des Menschen), dann kann sie eine Regel (Norm, Gesetz) formulieren, die diesen Wert schützt und im Falle von Verstößen gegen diese Normen Sanktionen (= Strafen) verhängt.

Der Begriff „Wert" wird im Alltag sehr häufig und mit wechselnder Bedeutung verwendet:

1. Die Uhr von meiner Oma hat für mich einen großen persönlichen **Wert**.
2. Mein Lehrer legt viel **Wert** auf eine ordentliche Heftführung.
3. Seine Meinung ist mir viel **wert**.
4. Das sind nur **wert**lose Kleinigkeiten.
5. Das wird in einigen Jahren eine ganze Menge **wert** sein.
6. Seine Ratschläge waren für mich sehr **wert**voll.

1 Klärt im Klassengespräch, welche Bedeutung der Begriff oder der Wortbestandteil „Wert" in den oben stehenden Sätzen hat.

Grundwerte im Grundgesetz und ihre Bedeutung

Das Grundgesetz für die Bundesrepublik Deutschland

Die deutsche Verfassung ist das Grundgesetz (abgekürzt GG) für die Bundesrepublik Deutschland. Es trat 1949 in Kraft und ist historisch eng mit der Wiederherstellung der Demokratie in Deutschland nach den Jahren der NS-Diktatur zu sehen. Für die „neuen" Bundesländer (ehemalige DDR) gilt das GG seit 1990. Der erste Teil des GG legt in den Artikeln 1–19 die **Grundrechte** fest (abgekürzt: GG 1–19). Grundrechte sind unantastbare und unveräußerliche* Rechte des einzelnen Staatsbürgers gegenüber der Staatsgewalt. Sie stellen gleichzeitig auch die **Grundwerte** dar, auf denen das Menschenbild der BRD fußt. Zu den wichtigsten Grundrechten der Bundesrepublik gehören unter anderem:

- der Schutz der Menschenwürde
- das Recht auf freie Entfaltung der Persönlichkeit
- das Recht auf Leben und körperliche Unversehrtheit
- die Gleichheit aller vor dem Gesetz
- die Religionsfreiheit einschließlich der Glaubens-, Gewissens- und Bekenntnisfreiheit

- das Recht der freien Meinungsäußerung (= Meinungsfreiheit)
- die Informationsfreiheit
- die Pressefreiheit
- die Wissenschaftsfreiheit
- die Versammlungsfreiheit
- das Brief-, Post- und Fernmeldegeheimnis
- das Recht des Bürgers, sich in einem Land frei zu bewegen
- die freie Berufswahl
- die Unverletzlichkeit der Wohnung
- die Gewährleistung des Eigentums
- der Schutz von Ehe und Familie
- das Recht auf Kriegsdienstverweigerung bzw. Ersatzdienst
- das Auslieferungsverbot und Asylrecht
- Recht zur Beschwerde (z. B. gegen Behörden)

Grundvoraussetzung für die Grundrechte ist der Schutz der Menschenwürde im Grundgesetz. Artikel 1 besagt: „Die Würde des Menschen ist unantastbar. Sie zu achten und zu schützen ist Verpflichtung aller staatlichen Gewalt."

Die Wurzeln der in der BRD vorherrschenden Werte stammen aus der christlich-jüdischen und griechisch-römischen Gedankenwelt. Die Grundrechte sind keine deutsche Erfindung – es gibt sie auch in anderen Ländern. Sie wurden 1776 zuerst in der Verfassung der USA bindend formuliert und 1789 in der Französischen Revolution erklärt. Die Bedeutung einiger im deutschen Grundgesetz festgelegter Grundwerte wollen wir im Folgenden näher betrachten.

1 *Informiert euch über die Rolle der Grundrechte in den Verfassungen anderer Länder: ehemalige DDR, Österreich, Schweiz, USA, Türkei usw.*

Frieden

Frieden bezeichnet den Zustand eines verträglichen Zusammenlebens von Menschen, d. h., beispielsweise Menschen verschiedener Länder vertragen sich, es herrscht ein friedliches Miteinander. Der Wert Frieden wird im Grundgesetz (GG Art. 26(1)) gesichert, indem Handlungen, die das friedliche Zusammenleben der Völker stören könnten, als verfassungswidrig und strafbar erklärt werden.

Die Taube als Symbol des Friedens

2 *Welche verschiedenen Arten und Ausprägungen des Friedens gibt es? Finde Beispiele, ausgehend von kleinen Gemeinschaften (wie Familie) bis hin zur Weltpolitik.*
3 *Sammelt Ausdrücke und Redewendungen, in denen das Wort „Frieden" im Alltag vorkommt, und erklärt sie. Beispiele sind: „in Frieden lassen", „seinen Frieden finden" usw.*
4 *Zum Diskutieren: Ist es eine Selbstverständlichkeit, dass Deutschland seit mehr als 60 Jahren in Frieden lebt? Welche Personen und welche Institutionen haben zu diesem Frieden beigetragen?*
5 *Falls einige aus eurer Ethikgruppe aus Krisen- oder Kriegsgebieten kommen oder dorthin Kontakte haben, können sie darüber berichten.*

Freiheit und Verantwortung

Die Freiheit schlechthin gibt es nicht, sondern immer nur eine Freiheit von bestimmten Dingen. Dieser Begriff hat drei wichtige Aspekte:

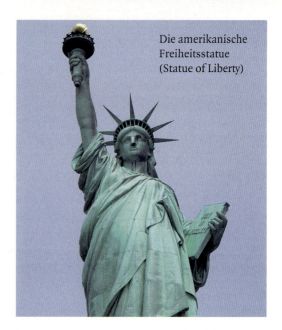

Die amerikanische Freiheitsstatue (Statue of Liberty)

1. **Freiheit als Abwesenheit von Zwängen und Bindungen**
   Jeder Mensch unterliegt äußeren Zwängen (z. B. Geld verdienen), inneren Zwängen (z. B. Angst) oder Zwängen, die durch Institutionen (z. B. Staat, Gesellschaft, Kirche) bedingt sind. Das Fehlen solcher Zwänge wird als Freiheit im politischen, sozialen und historischen Sinn bezeichnet. Das Fremdwort hierfür ist **Emanzipation**.

2. **Entscheidungs- und Willensfreiheit des Einzelnen**
   Dieser Freiheitsbegriff, auch als **Autonomie** bezeichnet, wird v. a. in der Philosophie und Theologie verwendet und bezeichnet eine von äußeren Einflüssen unabhängige Eigenschaft. Man kann zu dieser Art von Freiheit auch „Selbstständigkeit" oder „Unabhängigkeit" sagen.
   Das Gegenteil der Autonomie ist der **Determinismus**, eine philosophische Lehrmeinung, die sagt, dass alles, was in der Welt geschieht, vorherbestimmt ist und nach bestimmten Gesetzmäßigkeiten oder göttlichem Willen abläuft. Der Mensch wird nach dieser Weltanschauung wie eine Marionette gesehen, die von oben oder von außen gesteuert und gelenkt wird.

3. **Freiheit im politischen Sinn**
   Sie bezeichnet die äußere Unabhängigkeit und Gleichberechtigung eines Staates und das Recht eines Volkes, über seine staatliche Einheit und Ordnung selbst zu entscheiden. Man nennt dies das **Selbstbestimmungsrecht des Volkes**.

---

1 *Was verstehst du – auf dich und dein Leben bezogen – unter Freiheit? Notiere dir erst einmal deine Ansichten auf einem Blatt. Bildet anschließend kleine Gruppen, diskutiert und sammelt. Tragt eure Ergebnisse anschließend vor der Klasse vor.*
2 *Punkt 2 nennt die beiden Begriffe „Autonomie" und „Determinismus". Was denkst du? Ist der Mensch in seiner Entscheidung und in seinem Willen frei (= autonom), oder ist er total festgelegt (= determiniert)? Finde konkrete Beispiele für diese beiden Extreme. Gibt es auch einen Mittelweg zwischen den beiden? Welcher Richtung hängst du persönlich mehr an? Weshalb?*
3 *Wo liegen die Grenzen der Freiheit? Wo hört die Freiheit des Einzelnen auf?*
4 *Von wem und in welchen Situationen kann Freiheit missbraucht werden?*
5 *Informiere dich über Völker, denen das Selbstbestimmungsrecht auch heute noch nicht gewährt wird (vgl. oben Punkt 3). Du wirst überrascht sein, wie viele es selbst im 21. Jahrhundert noch gibt.*

Der Freiheitsgedanke in der Geschichte

Der Freiheits- und Unabhängigkeitsgedanke hat in der Geschichte immer schon eine wichtige und bedeutende Rolle gespielt: Im **Amerikanischen Unabhängigkeitskrieg** (*War of Independence*, 1775–1783); als Losung „Freiheit, Gleichheit, Brüderlichkeit" (frz.: Liberté, Égalité, Fraternité) der **Französischen Revolution** von 1789; im Text der 3. Strophe der deutschen Nationalhymne (**Deutschlandlied**, 1841, Text von A. H. Hoffmann von Fallersleben), um nur einige Beispiele zu nennen.

Einigkeit und Recht und Freiheit für das deutsche Vaterland, danach lasst uns alle streben, brüderlich mit Herz und Hand ...

Auszug aus der 3. Strophe der deutschen Nationalhymne

1 Besprecht die dritte Strophe des „Deutschlandliedes" mit eurer Geschichtslehrkraft nach historischen Gesichtspunkten (v. a. Einigkeit bzw. Einheit) sowie nach ethischen Kriterien. Forscht auch über den Zeitraum der Entstehung des Liedes (1841) nach.
2 Vorschlag für Referate/Projektarbeit: Findet weitere historische Beispiele, in denen der Freiheitsgedanke eine entscheidende Rolle spielte, und stellt diese der Gruppe vor.

Im **Grundgesetz (GG)** der BRD sind verschiedene Ausformungen der **Freiheit** geregelt, so z. B. die **Freiheit** ...	• der Berichterstattung GG 5(1) • des Bekenntnisses GG 4, GG 33(3) • des Gewissens GG 4 • der Forschung, Kunst und Wissenschaft GG 5(3) • der Meinungsäußerung GG 5(1), 18 • die Freiheit der Person GG 2(2), 19, 104(1).

3 Findet konkrete Beispiele für diese im GG geregelten Ausprägungen der Freiheit.
4 Wie ist der Freiheitsgedanke in den Verfassungen anderer Länder geregelt?

Verantwortung

Die Grenzen der Freiheit des Einzelnen liegen dort, wo die Rechte eines anderen beginnen. Grenzenlose Freiheit gibt es nicht. Mit der Freiheit ist immer auch automatisch die **Verantwortung** verbunden. Verantwortung für etwas oder jemanden übernehmen heißt: sich darum kümmern, ihm Gutes tun, Schaden von ihm abhalten.

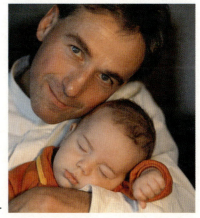

5 Wo liegen deine Verantwortlichkeiten, z. B. in der Familie, in der Schule usw.? Denke dabei nicht nur an Personen.
6 Wo liegen Verantwortlichkeiten von Menschen in deinem Umfeld (Lehrer, Eltern, Verwandte, Sporttrainer usw.)?
7 Von wem oder was kannst du nicht erwarten, dass er oder es Verantwortung übernimmt?

Freiheit ist immer mit Verantwortung verbunden.

Gerechtigkeit

Gerechtigkeit (lat.: *iustitia*) ist als Idee und Ideal ein Grundbegriff der Ethik. Wichtige Grundprinzipien der Gerechtigkeit sind der Grundsatz der Gleichheit bzw. Gleichbehandlung jedes einzelnen Menschen. Ihre Voraussetzung ist die Existenz eines Rechtssystems (Gesetze).

Ungerechtigkeit wird dann empfunden, wenn sich ein Einzelner oder eine Gruppe benachteiligt oder anders behandelt fühlt. Statt Gerechtigkeit verwendet man heute auch häufig den angelsächsischen Begriff „Fairness" oder aus dem Sportbereich das „Fairplay".

Justitia –
die altrömische Göttin
als Personifizierung der Gerechtigkeit

1 Wofür steht das Symbol der Waage bei der altrömischen Göttin Justitia? Begründe. Kennst du weitere Symbole für die Gerechtigkeit oder Bilder, die dafür stehen?

2 Findet Aussprüche und Redewendungen, die den Begriff „Gerechtigkeit" oder „gerecht" enthalten, und legt dazu an einer Pinnwand eine Sammlung an.

3 Kannst du Personen aus Politik, Geistesgeschichte (Philosophie) oder aus deinem Umfeld nennen, die in den Augen vieler Menschen als gerecht gelten?

4 In welchen Situationen hast du dich schon einmal ungerecht behandelt gefühlt? Ist es das Gleiche, sich ungerecht behandelt zu fühlen und wirklich ungerecht behandelt zu werden?

5 Sucht konkrete Beispiele, wo
   a) in eurer Stadt/Kommune,
   b) in Deutschland und
   c) in anderen Ländern Ungerechtigkeiten stattfinden.

6 Welche „Feinde" hat die Gerechtigkeit? Sammelt negative Eigenschaften von Menschen, die gegen die Gerechtigkeit arbeiten (z. B. Egoismus, Raffgier usw.).

Verschiedene Werte in unterschiedlichen Kulturen

Was bedeutet Wertepluralismus?

Wie du aus dem Deutsch- und Englischunterricht weißt, steht das Wort „Plural" für die Mehrzahl, „Singular" für die Einzahl. Der Begriff **Pluralismus** bezeichnet sozusagen die „Mehrzahligkeit" sprich Vielgestaltigkeit weltanschaulicher, religiöser, politischer oder gesellschaftlicher Phänomene. Er steht für die Annahme einer Einheit aus vielen Einzelteilen. Auf den Staat bezogen heißt das: Die Einheit „Staat" besteht aus vielen verschiedenartigen Interessensgruppen.
Der Pluralismus unserer Gesellschaft mit seiner Vielfalt an Meinungen und Weltanschauungen führt zwangsläufig dazu, dass sich Werte, Normen und Tugenden innerhalb einer Gemeinschaft oder eines Landes (Staates) im Laufe der Zeit verändern.
Wenn innerhalb eines Staates verschiedene Werte existieren, sprechen wir von einem Wertepluralismus. Auf Deutschland bezogen heißt das z. B., dass verschiedene gesellschaftliche Gruppen (Beamte, Deutschrussen, katholische Priester, Afroeuropäer, BMW-Fahrer, Kosovoalbaner, Busfahrer usw.) verschiedene Werte und Lebensbilder haben können. Ganz allgemein lässt sich feststellen: Jede einzelne Gesellschaftsgruppe und -schicht hat auch ihre eigenen Werte, Normen und Tugenden.

Wertepluralismus als Problem

Gegensätzliche Wert- und Glaubensvorstellungen können, wenn es an Integration* mangelt, zu gravierenden Problemen innerhalb einer Gesellschaft oder eines Staates werden.

Aufmarsch von Neo-Nazis

Kurden-Demo in Deutschland

1 Welche Werte gelten innerhalb der auf den Bildern dargestellten Gruppen?
2 Wie sind diese Werte vom Standpunkt der Ethik aus zu beurteilen?
3 Inwiefern ist der Wertepluralismus in Westeuropa ein Problem? Beziehe dich bei der Beantwortung der Frage zunächst konkret auf diese beiden Bilder, bringe anschließend jedoch auch dein Allgemeinwissen ein.
4 Wertet verschiedene Lokal- und Tageszeitung in Bezug auf den Wertepluralismus aus.

Wertepluralismus als Chance

Das Neben- und Miteinander verschiedener Kulturen und Wertvorstellungen kann auch sehr viele positive Auswirkungen auf eine Gesellschaft haben. Menschen verschiedener Abstammung können voneinander lernen und sich gegenseitig mit ihren Erfahrungen und Lebenswelten bereichern.

Integration als Teil von Multikulti

Raver auf der Loveparade

1 Welche Wertvorstellungen existieren innerhalb der auf den Bildern dargestellten Gruppen?
2 Wie sind diese Werte vom Standpunkt der Ethik aus zu beurteilen?
3 Nenne einige konkrete Beispiele, inwiefern der Wertepluralismus für Deutschland, aber auch für Westeuropa eine große Chance darstellen kann.

Verständnis und Toleranz hinsichtlich verschiedener Lebenshaltungen

Verständnis

Verständnis ist ein enormer Bestandteil des multikulturellen Zusammenlebens. Wer sich bemüht zu verstehen, warum sich bestimmte gesellschaftliche Gruppen auf eine bestimmte Art und Weise verhalten, wird diese Verhaltensweisen anders einordnen können als jemand, der sich um den **kulturellen Hintergrund** nicht kümmert. Ist zum Beispiel ein muslimischer Mitschüler aus einer der oberen Klassen einmal über Wochen hinweg nicht so gut drauf, dann kann das daran liegen, dass er religiös ist und gerade fastet. Wenn du diesen Fall auf dich beziehst, dann kannst du dir vorstellen, wie gut gelaunt du wärest, wenn du auch nur eine Woche lang tagsüber nichts essen würdest, also: kein Pausenbrot, kein Mittagessen, keinen Nachmittagssnack usw. Ohne gegenseitiges Verständnis gibt es kein Miteinander. Verstehen ist eng mit Wissen gekoppelt.

Toleranz und Integrationswille

Der Begriff „Toleranz" steht für Entgegenkommen oder Duldung, besonders in Glaubensfragen und in der Politik. Er bezeichnet Handlungsregeln für das Geltenlassen der religiösen, ethischen, sozialen und politischen Überzeugungen, Normen und Werte anderer.

Toleranz heißt, dem Andersdenkenden Platz einzuräumen, damit er sich entfalten kann. Toleranz bedeutet jedoch nicht Wegschauen und alles durchgehen lassen. Sie hat ihre eindeutigen Grenzen, wo z. B. Normen oder Gesetze übertreten werden. Toleranz der Inländer setzt auch den **Willen zur Integration** von Seiten der Ausländer bzw. Menschen mit Migrationshintergrund voraus.

1 Wo liegt der Unterschied zwischen „tolerant sein" und „wegschauen"? Was erfordert mehr Mut oder Zivilcourage?
2 Eine Grenze der Toleranz liegt z. B. dort, wo das Grundgesetz nicht eingehalten wird. Kannst du hierfür einige konkrete Beispiele finden? Seite 160 f. kann dir hier behilflich sein (Tipp: „Kopftuchstreit").
3 Suche nach weiteren Grenzen der Toleranz, d. h. nach Fällen, wo die Toleranz aufhört.
4 Erstellt eine Liste von Personengruppen, die ganz besonders die Toleranz der Mehrheit nötig haben.
5 Bildet kleinere Gruppen und macht ein Rollenspiel zu einem Thema, das Toleranz erfordert. Du versetzt dich einmal in die Situation der Minderheit und deine Gruppenkolleg(inn)en bilden die Mehrheit. Dann tauscht ihr die Rollen. Diesen Wechsel der Sichtweise bezeichnet man als „Perspektivenwechsel".

Parallelgesellschaften

Aus dem Geometrieunterricht weißt du bestimmt, dass sich zwei parallele Linien nicht schneiden. Man kann sie endlos verlängern, ohne dass sie irgendeinen Berührungspunkt hätten. Auf die Gesellschaft bezogen bedeutet der Begriff **Parallelgesellschaften**, dass es innerhalb der „normalen" Gesellschaft eines Landes Gruppen gibt, die zum Beispiel die Landessprache nicht beherrschen und so an der „normalen" Gesellschaft vorbeileben. So gibt es z. B. in vielen deutschen Großstädten ein „Russenviertel". In Berlin-Kreuzberg kann man ohne Deutschkenntnisse leben, weil es alle Institutionen auch türkischsprachig gibt (z. B. Ärzte, Rechtsanwälte, Lebensmittelläden usw.). In den USA gibt es schwarzen Ghettos oder Wohngegenden, in denen nur Latinos leben, schon sehr lange. Es wird immer wieder zu Konflikten kommen, wenn in einem Land mehrere Bevölkerungsgruppen nebeneinander leben, ohne integriert zu sein.

6 Welche Gefahren birgt die Existenz von Parallelgesellschaften für die Einheit eines Landes?
7 Wo gibt es mehr Parallelgesellschaften in Deutschland: auf dem Land, in Kleinstädten oder in Großstädten? Welche Gründe spielen hier eine Rolle?
8 Wie kann man der Bildung von Parallelgesellschaften entgegenwirken?

7 Grundlegende Maßstäbe menschlichen Handelns: Werte, Normen und Tugenden

Die Rangfolge meiner Werte

Welche Werte sind mir wichtig?

Die folgende Aufzählung enthält eine Reihe von Werten, mit denen fast jeder Mensch etwas verbindet:

1 Finde zu dieser Aufzählung von Werten noch zehn weitere und notiere sie in dein Heft.
2 Übertrage die nachstehende Tabelle in dein Heft. Ordne dann die Werte aus der oben stehenden Aufzählung und die zehn von dir selbst gefundenen den beiden Gruppen „materiell" und „immateriell/ideell" zu (Begriffserklärung vgl. S. 160).

materielle Werte	immaterielle und ideelle Werte
Nahrung	Treue
...	

3 Kreise die acht für dich wichtigsten Werte jeder Spalte ein. Überlege dir deine Auswahl gut. Bewahre die Tabelle auf, du brauchst sie für Arbeitsauftrag 1 auf der folgenden Seite.

7 Grundlegende Maßstäbe menschlichen Handelns: Werte, Normen und Tugenden

Meine persönliche Wertepyramide

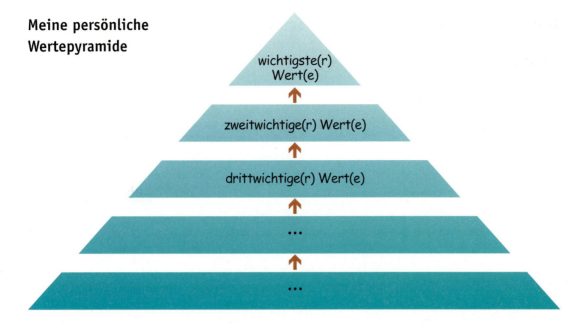

Eine Wertepyramide stellt die persönlichen Werte eines Menschen oder auch einer Gesellschaft der Wichtigkeit nach geordnet dar. Man spricht auch von einer sog. hierarchischen Darstellung oder Hierarchie (= Rangordnung, Reihenfolge mit dem Wichtigsten zuerst). Die Abbildung zeigt eine solche Wertepyramide. Da sie für jeden Menschen unterschiedlich ausfällt, ist die Beschriftung ganz allgemein gehalten.

1 *Übertrage die oben stehende Wertepyramide zweimal in dein Heft. Verwende pro Pyramide unbedingt eine ganze DIN-A4-Seite. Wähle dafür zwei gegenüberliegende Seiten aus, sodass du beide Pyramiden auf einen Blick siehst. Die allgemeinen Beschriftungen, die hier mit abgedruckt sind, brauchst du nicht zu übertragen. Die linke Pyramide erhält die Überschrift „Meine Wertepyramide für materielle Werte". Die rechte bekommt den Titel „Meine Wertepyramide für immaterielle/ideelle Werte".*
Fülle nun die einzelnen Stockwerke der Pyramiden so aus, dass der für dich wichtigste Wert von Aufgabe 3 der vorigen Seite ganz oben steht und der am wenigsten wichtige ganz unten. Werte, die gleichrangig sind, schreibst du auf dieselbe Ebene. Versuche, nicht mehr als drei Werte in dasselbe Stockwerk zu schreiben, sonst kann man nicht von einer Hierarchie sprechen. Halte die Unterscheidung materiell – immateriell (ideell) strikt ein, damit es nicht zu Vermischungen zwischen den beiden Pyramiden kommt.
2 *Bildet kleine Gruppen und vergleicht eure Pyramiden. Gibt es Übereinstimmungen? Wo weicht ihr voneinander am meisten ab? Wo gab es Schwierigkeiten bei der Entscheidung? Begründe gegenüber den anderen Mitgliedern deiner Gruppe, welche Werte du als die drei wichtigsten ausgewählt hast und warum in der von dir notierten Reihenfolge. Mache das Gleiche für deinen „niedrigsten" Wert. Diskutiert anschließend die Ergebnisse der Gruppendiskussionen im ganzen Klassenverband.*
3 *Nennt Werte aus euren Pyramiden, die für euch jetzt wichtig sind, und solche, die erst in Zukunft eine Rolle spielen werden.*

Menschenrechtserklärungen und Schutz fundamentaler ethischer Werte

Was sind Menschenrechte?

Die Begriffe „Grundrechte" und „Menschenrechte" sind sehr eng miteinander verbunden. Grundrechte sind auf den einzelnen Staat bezogen (vgl. Kapitel 7, S. 160 ff.), also z. B. auf die BRD. Menschenrechte beziehen sich Staaten übergreifend auf den Schutz fundamentaler ethischer Werte. Menschenrechte sind sozusagen international anerkannte Grundrechte, überregionale Rechte, die für alle Menschen unabhängig von Religion, Nationalität, Hautfarbe usw. gelten. Sie sind der unveräußerliche Anspruch des Einzelnen auf freie Bewegung und Betätigung unter Achtung der Menschenwürde.

1 *Informiert euch im Internet und in eurer Bücherei über das Stichwort „Menschenrechte".*

Welche fundamentalen ethischen Werte werden geschützt?

Zu den wichtigsten Menschenrechten gehören politische Freiheitsrechte und Grundfreiheiten, wie z. B. das Recht auf Gleichheit, Unversehrtheit, Eigentum, Meinungs- und Glaubensfreiheit sowie Widerstand gegen Unterdrückung. Seit dem 19. Jh. werden immer mehr Rechte aus dem sozialen Bereich mit aufgenommen, wie z. B. das Recht auf Arbeit, Bildung und soziale Sicherheit.

2 *Falls eure Schule eine „Schulverfassung" oder ein Leitbild hat, könnt ihr die darin formulierten Werte mit den Menschenrechten vergleichen.*

Wann, wo und von wem wurden sie erklärt?

Aufgrund der massiven Menschenrechtsverletzungen während des Zweiten Weltkriegs bekannten sich die **Vereinten Nationen*** (= UN; UNO*) 1948 in einer **Allgemeinen Erklärung der Menschenrechte** (engl.: *Declaration of human rights*) zu den Grundrechten (sog. Uno-Verfassung).

Die nächsten wichtigen Impulse gingen von Europa aus: 1950 wurde in Rom eine **Europäische Konvention zum Schutz der Menschenrechte und Grundfreiheiten** (= MRK, *Menschenrechtskonvention*) abgeschlossen. 1961 folgte die **Europäische Sozialcharta**.

UNO-Emblem

7 Grundlegende Maßstäbe menschlichen Handelns: Werte, Normen und Tugenden

Diese europäischen Menschenrechtserklärungen blieben auch für die UNO nicht ohne Folgen: 1966 folgten die beiden internationalen Pakete über bürgerliche und politische Rechte sowie über wirtschaftliche, soziale und kulturelle Rechte.

1 *Vertieft euer Wissen über die Geschichte der Menschenrechte (Internet, z. B. Wikipedia, Bundeszentrale für politische Bildung; Bücher, z. B. zur englischen und amerikanischen Geschichte).*

Staatenübergreifende Gewährleistung der Menschenrechte

Die in der Menschenrechtskonvention und der Allgemeinen Erklärung der Menschenrechte der UN übernommenen Rechte unterliegen einer internationalen richterlichen Kontrolle mit bindender Entscheidungswirkung für die betroffenen Staaten, d. h., die betroffenen Staaten müssen im Falle eines Richterspruchs diesen auch umsetzen. Es gibt u. a. folgende Rechtsschutzorgane für Menschenrechte:
- die Europäische Kommission für Menschenrechte
- der Europäische Gerichtshof für Menschenrechte
- das Menschenrechtskomitee des Europarats

Der Schutz der Menschenrechte ist weltweit eines der erklärten Ziele der Vereinten Nationen. Dennoch müssen UN-Beobachter und Menschenrechtsorganisationen Jahr für Jahr weltweit unzählige **Menschenrechtsverletzungen** feststellen.

Verstöße gegen die Menschenrechte

Menschenrechtsverletzungen sind Verstöße gegen die **Menschenrechtsnormen**, wie sie von der UNO und der EU (= Europäischen Union) festgelegt wurden. Leider werden die Menschenrechte auch heute noch in vielen Ländern der Welt nicht eingehalten: Es dürfen z. B. keine Wahlen abgehalten werden, Frauen sind nicht gleichberechtigt, es gibt Kinderarbeit, Kindersoldaten, Folter, Verschleppungen, Vertreibungen, Menschenhandel und Zwangsprostitution. In China z. B. gibt es immer noch keine Meinungsfreiheit, zudem finden im Jahr mehrere Tausend Hinrichtungen statt. Hier ließen sich noch unzählige weitere Beispiele finden.

amnesty international* (abgekürzt „ai") ist eine internationale Organisation zum Schutz der Menschenrechte. Sie wurde 1961 gegründet und hat ihr Sekretariat in London. ai setzt sich überall auf der Welt für Menschen ein, die aus weltanschaulich-religiösen oder politischen Gründen inhaftiert sind. Dafür erhielt ai 1977 den Friedensnobelpreis.

Projektvorschläge:

2 *Informiert euch im Internet über amnesty international, Human Rights Watch, One World und weitere ähnlich ausgerichtete Organisationen.*

3 *Gestaltet eine Stellwand zum Thema Menschenrechtsverletzungen. In welchen Ländern finden besonders extreme Verstöße gegen die Menschenrechte statt? Untersucht dabei auch den Zusammenhang zwischen Nichtmitgliedschaft in der UN und Häufigkeit der Menschenrechtsverletzungen.*

Normen

Was wir schon über Normen wissen

Bitte decke den Text nach dem ersten Absatz ab und beantworte die Fragen.

1 *Betrachte das nebenstehende Bild aus dem Band Ethik 5/6. Weißt du noch, in welchem Zusammenhang es dort auftauchte?*

2 *Kannst du dich noch an eine Definition des Begriffs „Normen" erinnern, oder kannst du ihn mit eigenen Worten erklären? Worin besteht der Unterschied zwischen Regeln und Normen?*

In der 6. Jahrgangsstufe hast du schon einiges über Regeln und Normen gelernt (vgl. Ethik 5/6, S. 125 ff.). In jeder kleineren Gruppe gibt es bestimmte **Verhaltensregeln**, nach denen sich alle zu richten haben. Wer die Regeln nicht einhält, verstößt dagegen. Als Beispiele hast du dort kennengelernt: Verhalten im Straßenverkehr, in der Clique, in der Klasse, in der Familie.

Normen sind Regeln oder vorgegebene Verhaltensformen, die für die ganze Gesellschaft allgemein gültig sind. Man kann sich eine Norm auch als Handlungsorientierung oder, bildlich gesprochen, als Wegweiser, Leitlinie oder Richtschnur (lat.: *norma*) vorstellen, nach der man das eigene Verhalten ausrichten kann. Normen sind häufig nirgendwo aufgeschrieben, aber dennoch jedermann bekannt: Man bekommt sie sozusagen anerzogen, durch Eltern, Großeltern, Schule, Freundeskreis usw. Sie fallen einem im täglichen Leben oft nicht direkt auf, jedoch bemerkt man sofort, wenn jemand aus der Rolle fällt – also gegen bestimmte Verhaltensnormen verstößt (sog. **Normabweichung**). In der 6. Klasse habt ihr auch besprochen, wie schwierig es ist, zu erklären, was als **normal** anzusehen ist. Zu den Normen zählen z. B. auch **Gesetze** und andere Vorschriften, an die man sich halten muss, wenn man zu der betreffenden Gemeinschaft gehören möchte.

Vernünftiges Verhalten setzt voraus, dass man die Regeln einer Gruppe oder die Normen einer Gesellschaft kennt. Normen können von Land zu Land verschieden sein. Wie du bereits gelernt hast, kann z. B. etwas, das in China als normal gilt, in Deutschland als merkwürdig oder komisch empfunden werden. Auch in ein und demselben Land gelten innerhalb bestimmter Gesellschaftsgruppen bestimmte Regeln und Normen. So begrüßen sich zum Beispiel zwei Hip-Hopper völlig anders als zwei Golfspieler. Dein Grundwissen über Normen soll im Ethikunterricht der 8. Klasse erweitert und vertieft werden.

„Ich tue, was ich will!"

Beispiel 1: Mutter steigt aus ...

Frau Müllerle aus Ulm hat es endgültig satt. Jeden Tag die gleichen Hausfrauenpflichten: Betten machen, Staub saugen, einkaufen, kochen, abspülen, putzen, putzen und nochmals putzen. Dazu noch das ständige Gemecker, dass das Essen nicht schmeckt, dass es schon wieder Spaghetti gibt und so weiter und so weiter.

Das Gemotze von ihrem Sohn jeden Morgen kann sie auch nicht mehr hören. Sie mag einfach nicht mehr. Sie denkt sich: „Ab heute tu ich nur noch, was ICH will! Alles andere ist mir egal."

Sohn Tobias kommt von der Schule heim und schimpft: „Mama, wo bleibt denn endlich mein Mittagessen." Seine Mutter antwortet cool: „Heute bin ich nicht dafür zuständig. Heute tue ich, was ich will!"

Beispiel 2: ... der Regierungschef hoffentlich nicht!

Wir schreiben das Jahr 2020.

Der Regierungschef ist verärgert und maßlos frustriert. Seine Versuche, über das eigene Land hinaus Einfluss in der Welt zu gewinnen, sind missglückt.

Nach einem üblichen, von seinen Beratern gefürchteten Tobsuchtsanfall, lässt sich der Regierungschef nun unter Schutz seiner Bodyguards zur atomaren Verteidigungszentrale fahren.

„Jetzt werde ich euch allen zeigen, was echte Macht ist und wozu ein Regierungschef imstande ist!", brüllt er. „Ich tue, was immer mir beliebt und wann es mir beliebt! Ich bestimme auch, wann Schluss ist! Und das ist JETZT!"

Er drückt den roten Knopf, der den Abschuss sämtlicher Atomraketen freigibt.

Nach vier Minuten ist der Planet Erde nur noch ein rauchendes, dampfendes Gasgemisch, das sich irgendwo im Kosmos ins Nichts auflöst. Jegliche Erinnerung daran, dass der Planet jemals bestanden hat, ist unwiderruflich ausgelöscht.

Bildet zunächst Gruppen und bearbeitet die folgenden Arbeitsaufträge gemeinsam. Bestimmt einen Gruppensprecher, der die Antworten stichpunktartig notiert und dann vor der Klasse vorträgt. Diskutiert anschließend innerhalb der ganzen Klasse.

1 Wurden Normen oder Regeln verletzt? Falls ja, welche?

2 Wer legt oder legte diese Regeln oder Normen überhaupt fest?

3 Welche Konsequenzen hat dieser Regelbruch
   a) für die Person, die die Regel bricht?
   b) für die anderen Betroffenen?

4 Wer trägt die Verantwortung für den Vorfall? Gibt es einen einzelnen Schuldigen oder mehrere? Wer sind diese?

5 Kommentiere die Realitätsnähe der beiden gewählten Beispiele. Begründe deine Antwort.

6 Welche Lösungsmöglichkeit könnte das Aufstellen von bestimmten Normen in diesem Fall bieten?

7 Konstruiert ähnliche Beispiele und besprecht sie nach den Kriterien von Aufgaben 1 bis 3.

8 Versucht ein oder mehrere Beispiele szenisch in einem Rollenspiel umzusetzen.

Wozu brauchen wir Normen?

Eine Regel oder Norm hat nur dann eine Berechtigung, wenn sie sinnvoll ist, also einen genauen Zweck innerhalb der Gemeinschaft erfüllt. Im Folgenden werden drei Normen bzw. Normensammlungen, die du bereits im Buch Ethik 5/6 kennengelernt hast, kurz wiederholt und hauptsächlich nach ihrer Notwendigkeit für das Leben in der Gemeinschaft herangezogen.

Die Goldene Regel im Alten und Neuen Testament

Wie du weißt, bezeichnet die sogenannte **Goldene Regel** die Grundlage des menschlichen Zusammenlebens. Sie findet sich im **Alten Testament** der Bibel, und dort im Buch Tobias (Kapitel 4, Vers 16):

Wie sehr sich diese Regel auch im Bewusstsein der Allgemeinheit verbreitet hat, zeigt die etwas volkstümlichere Variante der Goldenen Regel in Reimform:

> Was du nicht willst, das man dir tu,
> das füg auch keinem andern zu.

Die Goldene Regel aus dem Alten Testament wurde auch von **Jesus von Nazareth** (geb. ca. 4 v. Chr. in Nazareth; hingerichtet um 30 n. Chr. in Jerusalem) aufgegriffen. Jesus gilt im Christentum als Sohn Gottes; im Islam hat er neben Moses den Stellenwert eines sehr hohen Propheten, der von der Bedeutung her unter dem Propheten Mohammed (geb. um 570 in Mekka; gest. 632 in Medina) steht. Auch für Andersgläubige, Bekenntnislose* oder Atheisten* kann Jesus eine wichtige Persönlichkeit mit Vorbildcharakter, einen wichtigen Philosophen oder Erneuerer der Gesellschaft (Sozialrevolutionär) darstellen.

Der Evangelist* Matthäus hat in seinem *Evangelium** (Kap. 7, Vers 12) die Predigt beschrieben, in der Jesus von einem Berg aus zu seinen Jüngern spricht. Dabei hat der Evangelist mehrere von Jesus überlieferte Aussagen in dieser einen Predigt zu drei Themenblöcken zusammengefasst. Die Bergpredigt enthält:

Die Bergpredigt

- die „Seligpreisungen" (5,3–6): Selig sind die, die vor Gott arm sind, denn ihnen gehört das Himmelreich. Selig sind diejenigen, die trauern, denn sie werden getröstet werden. [...] Selig sind diejenigen, die hungern und dürsten nach der Gerechtigkeit, denn sie werden satt werden.
- das „Vaterunser" (6,9–13): Vater unser im Himmel, geheiligt werde dein Name, dein Reich komme, dein Wille geschehe [...] und
- die Goldene Regel (7,12) in einer anderen Formulierung von Jesus bzw. Matthäus:

> *Alles nun, was ihr wollt, dass es euch die Menschen tun, das sollt auch ihr ihnen tun.*

1 Welchen Sinn hat die Goldene Regel für das Leben in der Gemeinschaft?
2 Worin besteht der grundlegende Unterschied in der Formulierungsweise der Goldenen Regel im Alten Testament und Volksmund einerseits und andererseits in der Art, wie Jesus sie formuliert?
3 Versuche die „Seligpreisungen" in heutiges, modernes Deutsch zu übertragen und überlege, was Jesus damit wohl gemeint hat. Kannst du konkrete Beispiele aus der Wirklichkeit finden?

Die Zehn Gebote

Das Alte Testament berichtet im 2. Buch Mose (20,3–17) von Moses, dem Führer, Propheten und Gesetzgeber der Israeliten, der um 1250 v. Chr. am Berg Sinai von Gott die Zehn Gebote empfing. Sie lauten in gekürzter Form:

1. Du sollst keine anderen Götter neben mir haben!
2. Du sollst den Namen Gottes nicht verunehren!
3. Gedenke, dass du den Sabbat heiligst!
4. Du sollst Vater und Mutter ehren!
5. Du sollst nicht töten!
6. Du sollst nicht ehebrechen!
7. Du sollst nicht stehlen!
8. Du sollst kein falsches Zeugnis geben wider deinen Nächsten!
9. Du sollst nicht begehren deines Nächsten Frau!
10. Du sollst nicht begehren deines Nächsten Hab und Gut!

Moses empfängt die Zehn Gebote am Berg Sinai

Die Zehn Gebote sind im jüdischen und christlichen Glauben von zentraler Bedeutung.

4 Bildet Gruppen und geht die einzelnen Gebote nacheinander durch. Überlegt euch konkrete Fälle, die beweisen oder widerlegen, dass die Gebote auch heute nach über 3000 Jahren noch einen Sinn für das Leben in der Gesellschaft haben können. Notiert eure Ergebnisse stichpunktartig und sprecht anschließend in der Klasse darüber.
5 Welche Gebote überschneiden sich in ihrer Aussage bzw. sind sich sehr ähnlich? Bestehen evtl. feine Unterschiede?
6 Die Zehn Gebote gelten als zentrale Aussagen des jüdischen und christlichen Glaubens. Inwiefern können auch Menschen anderen Glaubens (z. B. Buddhisten, Muslime usw.) oder Menschen, die bekenntnislos sind, aus den Zehn Geboten wichtige Richtlinien für ihr Leben ableiten?

7 Grundlegende Maßstäbe menschlichen Handelns: Werte, Normen und Tugenden

Die Fünf Säulen des Islam (Die Fünf Pfeiler des Islam)

Die Fünf Säulen des Islam (auch: Fünf Pfeiler des Islam) beschreiben Gebote, nach denen ein gläubiger Muslim zu leben hat:

1. **Das Glaubensbekenntnis**
   Es lautet: „Es gibt keinen Gott außer Allah, und Mohammed ist sein Prophet." Jeder, der dies vor muslimischen Zeugen spricht, ist damit automatisch zum Islam übergetreten.

2. **Das Gebet**
   Jeder Muslim muss täglich fünf Gebete bestimmten Inhalts zu festgesetzten Zeiten in Richtung Mekka sprechen. Dazu muss er sich auf den Boden niederwerfen.

3. **Die Almosen**
   Jeder gläubige Muslim muss vorgeschriebene Almosen (= Spenden) für bedürftige Mitmenschen entrichten.

4. **Das Fasten**
   Im Fastenmonat Ramadan müssen gläubige Muslime tagsüber fasten. Nachts besteht kein Fastengebot.

5. **Die Pilgerreise**
   Alle Muslime, die gesundheitlich und finanziell dazu in der Lage sind, müssen einmal in ihrem Leben nach Mekka pilgern.

1 Bildet Gruppen und prüft die fünf Säulen dahingehend, welche Auswirkungen sie auf das Leben in der Gemeinschaft haben können.
2 Die Fünf Säulen des Islam spielen im Leben eines gläubigen Muslims eine bedeutende Rolle. Was können Nichtmuslime (Christen, Buddhisten usw.) oder Bekenntnislose aus diesen Regeln für das Wohl ihrer Gesellschaft ableiten?

Abschließender Arbeitsauftrag:
Bildet Gruppen und vergleicht die in den drei letzten Unterkapiteln dargestellten Konzepte. Untersucht sie nach Parallelen, d. h. danach, welche Normen ähnlich oder sogar gleich sind. Worin bestehen die größten Unterschiede?

Vorschlag für Referate/Projektarbeiten:

Untersucht wichtige Normen und Gesetze anderer Weltreligionen und philosophischer Strömungen auf ihre Anwendbarkeit und Bedeutung für das Leben des Einzelnen in der Gemeinschaft.

Normen als Grundlage für persönliche Entscheidungen

Normen können uns dabei helfen, persönliche Entscheidungen zu treffen. Jeder Handlung, die wir vornehmen, geht eine Entscheidung voraus. Entscheidungen und Handlungen können sich an Normen orientieren oder gegen sie verstoßen.

1 Lies die folgende Geschichte aufmerksam durch. Welche Motive für seine persönlichen Entscheidungen hat Herr Reiter?

Flotter Schlitten oder umweltfreundlicher Kleinwagen?

Herr Reiter muss sich ein neues Auto kaufen – sein altes fährt nicht mehr. Die Entscheidung fällt ihm gar nicht leicht. Geld ist nicht das Problem – er hat einen sicheren, guten Job, bei dem er nicht schlecht verdient, und gespart hat er auch schon.

„Mensch", denkt er sich, „welches Auto kaufe ich mir bloß?" Er wägt ab: „Mit einem flotten Sportschlitten würden mich meine Arbeitskollegen endlich anerkennen und als einen der ihren ansehen. Und bei den Frauen hätte ich dann bestimmt auch Erfolg. In unserer Gesellschaft gehört es einfach dazu, ein vernünftiges Auto zu haben! Dann ist man wirklich cool und hat etwas erreicht im Leben."

Bald melden sich jedoch Zweifel bei ihm an: „Was ist denn schon ein vernünftiges Auto? Eigentlich kann ich so ein Sportfahrzeug gegenüber der Umwelt und den kommenden Generationen gar nicht verantworten. Und das Geld, das ich mit einem kleineren Auto spare, könnte ich für Menschen in Not spenden oder dafür endlich mal in Urlaub fahren und mal so richtig ausspannen. O. k., dann wäre mein tolles Image beim Teufel. Auf der anderen Seite haben viele meiner sogenannten Freunde ihre dicken Schlitten nur geleast oder auf Pump von der Bank gekauft. Das ist eigentlich ja voll uncool."

7 Grundlegende Maßstäbe menschlichen Handelns: Werte, Normen und Tugenden

2 Wie kann sich Herr Reiter ethisch richtig bzw. den gesellschaftlichen Normen entsprechend verhalten? Diskutiert in der Klasse.

3 Lasst euch von eurer Lehrkraft den Begriff „Flussdiagramm" erklären. Fertigt ein solches Diagramm für die Entscheidungsgeschichte „Flotter Schlitten oder umweltfreundlicher Kleinwagen" gemeinsam in der Klasse an der Tafel an und übertragt es ins Heft.

4 Schreibt als Hausaufgabe eine ähnliche Entscheidungsgeschichte, aus der ersichtlich wird, wie Normen die Grundlage für unsere Entscheidungen bilden. Entwerft zu eurer Geschichte ebenfalls ein Flussdiagramm, das ihr auf Folie zeichnet. Legt eure Folie in der nächsten Ethikstunde auf den Tageslichtprojektor und lest gleichzeitig eure Entscheidungsgeschichte vor. Diskutiert eure Geschichten in der Klasse.

5 Welche weiteren Motive für Handlungen gibt es ganz allgemein? Übertragt zur Klärung dieser Frage die folgende Tabelle in euer Heft. Bildet kleine Gruppen, diskutiert entsprechende Beispiele und ergänzt diese Tabelle.

Findet weitere Beispiele.

Handlungsmotive/Entscheidungsfindung			
Motive, die ethischen Grundwerten entsprechen	Motive, die gesellschaftlichen Normen entsprechen	Motive, die ethischen oder gesellschaftlichen (staatlichen) widersprechen	Grenzfälle/ ergänzende Bemerkungen
Wahrheit	die Wahrheit sagen („Man lügt nicht!")	die Wahrgeit bewusst nicht sagen (also lügen)	Grenzfall: Soll ein Arzt dem Kranken die ganze Wahrheit seiner unheilbaren Krebserkrankung sagen?
...	...	Geld unterschlagen/ Geschäftspartner betrügen	...
	keine körperliche Gewalt anwenden	...	Grenzfall: Man muss sich in einer Angriffssituation selbst verteidigen (Notwehr).
			...

Falsch oder richtig? Gut und böse?

Im Alltag hören wir oft Sätze wie „Das war ganz richtig, so zu handeln" oder „Das war absolut falsch, was der Mann/die Frau hier gemacht hat". Auch die Begriffe „gut" und „böse" werden oft gebraucht, etwa in Ausdrücken wie „ein böses Kind" oder „die gute Seite". Dabei ist es oft gar nicht so leicht zu klären, was diese Begriffe genau ausdrücken. In vielen Fällen lassen sie sich noch am ehesten durch das Gegenteil erklären (vgl. die Begriffspaare „falsch – richtig" und „gut – böse").

1 *Findet weitere konkrete Beispiele, in denen die Begriffe „falsch – richtig" und „gut – böse" verwendet werden.*
2 *Worin bestehen die Unterschiede*
    a) *zwischen „falsch " und „böse"* **b)** *zwischen „gut" und „richtig"?*

Für die Analyse und Besprechung der folgenden Fallbeispiele wollen wir vereinbaren, dass wir das Begriffspaar „falsch – richtig" für rein **sachliche** Bewertungen verwenden, also im Sinne von „Vorteile – Nachteile" oder „positive – negative Auswirkungen". Die Begriffe „gut" und „böse" sollen der **moralischen** bzw. ethischen Ebene vorbehalten bleiben, also z. B. der grundsätzlichen Fragestellung „Was ist moralisch gut bzw. schlecht?".

Fallbeispiel 1: Sterbehilfe – der sanfte Tod?

Herr H. hat Bauchspeicheldrüsenkrebs im Endstadium. Er liegt seit Monaten auf der Intensivstation, hängt an Infusionsschläuchen, wird künstlich über eine Magensonde ernährt, weil er wegen der vielen Schmerzmittel nicht mehr bei Bewusstsein ist und die Nahrung nicht mehr zu sich nehmen kann. Zudem hängt er an einem Beatmungsgerät. Setzen die Ärzte die Betäubungsmittel aus, so klagt der Patient über unerträgliche Schmerzen, weint ständig und sagt, er könne einfach nicht mehr. Von einem bewussten, aktiven Leben, von Lebensqualität, geschweige denn Lebensfreude kann hier niemand mehr sprechen.

Seinen Angehörigen hat Herr H., als es ihm noch gut ging, öfter gesagt, dass er es vorziehen würde, wenn man ihm „die Schläuche herausziehen würde", falls er einmal eine unheilbare Krankheit haben sollte. Er wünsche keine lebensverlängernden Maßnahmen. Schriftlich notiert hat er dies jedoch nicht.

Frau H., seine Ehefrau, spricht mit dem leitenden Stationsarzt Dr. Grün darüber, ob man den unsäglichen Leiden ihres Mannes nicht ein Ende bereiten kann; ganz wie er es sich immer gewünscht hatte. Sie bittet den Arzt, wenn er schon nicht aktive Sterbehilfe durch eine zum Tode führende Injektion leisten würde, wenigstens die Maschinen und Infusionen abzustellen.

Ergänzende Informationen: Laut § 216 StGB (Strafgesetzbuch) erhält jemand, der in Deutschland einem Sterbenden auf dessen eigenen Wunsch zum Tod verhilft (Sterbehilfe* = Euthanasie), eine Gefängnisstrafe von sechs Monaten bis zu fünf Jahren. Die Beihilfe zum Selbstmord, z. B. durch Bereitstellen eines tödlichen Medikaments, ist jedoch nicht strafbar.

In Bezug auf die Sterbehilfe lautet die betreffende Stelle aus der historischen Fassung des Hippokratischen* Eides: „Ich werde niemandem, auch nicht auf seine Bitte hin, ein tödliches Gift verabreichen oder auch nur dazu raten."

7 Grundlegende Maßstäbe menschlichen Handelns: Werte, Normen und Tugenden

1. Wie soll sich Dr. Grün entscheiden? Hat er doch den Hippokratischen Eid abgelegt und geschworen, immer zum Wohle des Kranken zu handeln. Diskutiert in der Klasse.
2. Bildet Gruppen und diskutiert das Beispiel nach den beiden Begriffspaaren „gut – böse" sowie „falsch und richtig". Ergänzt dann die folgende Tabelle, zunächst in der Gruppe, anschließend mit allen Gruppen in der Klasse.

Analyse von Fallbeispiel 1 nach den Kategorien „falsch – richtig" und „gut – böse"			
sachliche Bewertung		moralische Bewertung	
falsch	richtig	gut	böse
	?	Beendigung des Leidens	5. Gebot: „Du sollst nicht töten!"

3. Wie ist der §216 StGB aus ethisch-moralischer Sicht zu bewerten?
4. Was gilt in anderen Ländern, z. B. in den Niederlanden? Stelle eine Internet-Recherche an.
5. Wie würdest du behandelt werden wollen, wenn du in einer ähnlichen Situation wie Herr H. wärst?

Fallbeispiel 2: Der Bomberpilot – töten, um den Krieg zu beenden?

Während des Zweiten Weltkriegs entwickelten die Amerikaner die Atombombe, die 1945 in Japan zum Einsatz kam. Sie schickten Bomber, die diese neuen Massenvernichtungswaffen auf die japanischen Städte Hiroshima und Nagasaki warfen, um – aus amerikanischer Sicht – den Krieg zu beenden. Der Atombombenabwurf auf Hiroshima war der allererste Kernwaffeneinsatz weltweit. Er legte die ganze Stadt in Schutt und Asche und forderte über 200 000 Tote und 100 000 Verwundete, spätere Strahlenopfer nicht mitgerechnet.

6. Welche Gedanken und Empfindungen, denkst du, gingen dem Bomberpiloten damals durch den Kopf? Von welchen Gewissenskonflikten wurde er hin- und hergerissen? Wie hat er den Bombenabwurf wohl später seelisch verarbeitet?
7. Bildet Gruppen und diskutiert das Beispiel nach den beiden Begriffspaaren „gut – böse" sowie „falsch und richtig". Ergänzt dann die folgende Tabelle.

Analyse von Fallbeispiel 2 nach den Kategorien „falsch – richtig" und „gut – böse"			
sachliche Bewertung		moralische Bewertung	
falsch	richtig	gut	böse
viele Verletzte und Tote	Schutz des eigenen Landes	Verteidigung des Lebens der US-Bürger	Akt des Tötens (vgl. 5. Gebot: „Du sollst nicht töten!"
			?

Projektvorschlag:

Informiert euch über die Atombombenabwürfe auf japanische Städte. Ein guter Ausgangspunkt sind die Erlebnisberichte „Barfuß durch Hiroshima" von Keiji Nakazawa in Comic-Form (sog. Mangas).

Normen im Wandel

Normen im Kontext verschiedener Kulturkreise

Nicht in allen Staaten finden wir die gleichen Normen und Grundsätze wieder, die bei uns üblich sind. Durch die wachsende Globalisierung* werden die geltenden Normen im 21. Jh. nicht mehr nur durch Staaten oder internationale Organisationen geprägt, sondern vor allem durch unterschiedliche **Kulturkreise** und Weltreligionen. Ein Kulturkreis zeichnet sich immer aus durch bestimmte gesellschaftliche Verhältnisse und Lebensformen sowie durch eine gemeinsame Religion, Sprache und Kultur (vgl. Bräuche, Sitten, Medien, Kunst). Jeder Kulturkreis hat auch seine eigenen gültigen Normen und Gesetze.

In einem bestimmten Kulturkreis (z. B. westlicher Kulturkreis wie Deutschland, Frankreich, England usw.) können auch weitere andere Kulturkreise (z. B. islamischer Kulturkreis) angesiedelt sein. Die Globalisierung hat widersprüchliche Entwicklungen zwischen den Kulturkreisen verstärkt. Man kann dies an den friedlich ausgetragenen politischen Meinungsverschiedenheiten erkennen, wie etwa der Frage, ob für Muslime in Deutschland das Grundgesetz gilt oder die Scharia, d. h. die islamischen Pflichten laut Koran. Es können aber auch ernste Konflikte mit Todesfolge entstehen, wie man am Beispiel von Terroranschlägen islamistischer* Fundamentalisten* sieht. Die folgende Übersicht zeigt die wichtigsten Kulturkreise und Religionen:

Kulturkreis	Religion/Bemerkungen
westlicher Kulturkreis (= christlich-jüdischer Kulturkreis)	Judentum, Christentum
islamischer Kulturkreis	Islam (mit mehreren Glaubensrichtungen, vgl. Sunniten (ca. 90 % der Muslime) und Schiiten
hinduistischer Kulturkreis	v. a. auf dem indischen Subkontinent; Hinduismus
chinesischer Kulturkreis	Buddhismus, Konfuzianismus
japanischer Kulturkreis	eng mit dem chinesischen Kulturkreis verwandt; Schintoismus

Etwa 80 % der Weltbevölkerung gehören einer der fünf Weltreligionen an, die mit bestimmten Normen und Wertvorstellungen verbunden sind. In den letzten Jahrhunderten dominierte der westliche Kulturkreis das Weltgeschehen. Seit den 1990er-Jahren haben der chinesische und islamische Kulturkreis enorm an Bedeutung hinzugewonnen.

Projektvorschlag: Unterschiedliche Normen in den einzelnen Kulturkreisen

Die in der Tabelle genannten Kulturkreise sollen auf bestimmte Normen hin untersucht werden. Dabei interessieren uns z. B. folgende Fragestellungen: Wie ist z. B. die Norm „Du sollst nicht stehlen" in den einzelnen Kulturkreisen geregelt? Welche Bestrafungen (Sanktionen) von Seiten des Staates werden ergriffen, wenn die Norm nicht eingehalten wird usw.? Erstellt dazu als Erstes eine Liste der Normen, die euch wichtig erscheinen und die ihr untersuchen bzw. vergleichen wollt. Bildet dann Gruppen, von denen sich jede einem Kulturkreis widmet und herausfindet, wie dort die betreffende Norm gehandhabt wird. Wenn in deiner Ethikgruppe Schüler aus anderen Kulturkreisen sind, so sind sie selbstverständlich die „Spezialisten" in der betreffenden Gruppe.

Normen in Abhängigkeit von der moralischen Entwicklungsstufe eines Menschen

Jeder einzelne Mensch durchläuft im Leben eine Reihe von Entwicklungsstufen: vom hilflosen Säugling, über das Kleinkind, vom Schulkind über den Teenager zum jungen berufstätigen Erwachsenen. Weitere wichtige Einschnitte in der Entwicklung des Menschen sind dann der Eintritt in den Ruhestand und schließlich der alte, gebrechliche Mensch, der mit seiner Hilfsbedürftigkeit wieder dem Säugling nahekommt.

Innerhalb dieser einzelnen Entwicklungsstufen durchlaufen wir nicht nur verschiedene körperliche Veränderungen, sondern auch die geistige und moralische Entwicklung ist entscheidend. Durch Erziehung lernt z. B. ein Kind, die in seiner Gruppe geltenden Normen einzuhalten. Von einem Kleinkind könnte man jedoch beispielsweise nicht erwarten, immer die Wahrheit zu sagen – es kennt den moralischen Begriff „Wahrheit" noch nicht. Bei einem Jugendlichen kann man ihn voraussetzen. Dagegen kann man von einem Jugendlichen keine absolute Selbstständigkeit und Eigenverantwortung erwarten – er lernt schließlich erst nach und nach, auf eigenen Beinen zu stehen. Der amerikanische Psychologe Lawrence **Kohlberg** hat sich im 20. Jahrhundert eingehend mit den moralischen Entwicklungsstufen des Menschen befasst.

Genauso wie bestimmte moralische Größen bei Kleinkindern nicht vorhanden sind, so existieren gewisse Normen in bestimmten Kulturkreisen gar nicht: Einige Eingeborenenstämme im brasilianischen Regenwald können beispielsweise mit der Norm, dass man das Eigentum des anderen respektieren muss, nichts anfangen, da bei ihnen der Eigentumsbegriff nicht existiert. Alles – Nahrung, Waffen, Werkzeuge usw. – gehört allen und ist für alle da.

Normen sind nicht gleich Normen: Kann-, Soll- und Muss-Normen

Nicht alle Normen haben die gleiche Priorität (= Wichtigkeit). In der nebenstehenden Pyramide sind die Normen nach ihrer Hierarchie (= Rangordnung) angeordnet. **Muss-Normen** sind ohne Wenn und Aber ausnahmslos zu erfüllen. Ein Beispiel hierfür ist, dass die Würde eines jeden Menschen geachtet werden muss.

Das Wort „sollen" in der Alltagssprache hat einen anderen Sinn als im Recht oder in Bezug auf Normen: Hier bedeutet „sollen" ein schwächeres „müssen". **Soll-Normen** müssen daher erfüllt werden, es gibt jedoch begründete Ausnahmefälle, in denen sie nicht eingehalten werden müssen. Das Gebot „Du sollst nicht stehlen" muss im Normalfall eingehalten werden. Eine begründete Ausnahme hiervon wäre beispielsweise der Mundraub oder der (erlaubte) Kohlendiebstahl in der Nachkriegszeit.

Kann-Normen können erfüllt werden oder eben auch nicht, ohne dass es ernsthafte Konsequenzen gäbe. Man kann beispielsweise sein Wahlrecht ausüben, indem man zum Wählen geht.

1 Findet weitere Beispiele für Kann-, Soll- und Muss-Normen. Gibt es auch Grenzfälle?

Normen im Wandel der Zeiten: Ideale der „Achtundsechziger"

Hippies – die Blumenkinder der 1960er-Jahre

Denkweisen, Normen und Werte unterliegen einem zeitlichen Wandel. Der Sommer 1967 wurde in Amerika als *Summer of Love* bezeichnet. Damals entstand die Hippie-Kultur, die *Flower-Power-Bewegung*, die sich gegen jede Form von Krieg und Gewalt wandte. Die langhaarigen Hippies lebten in Kommunen zusammen. Sie brachen bewusst Normen der Zeit, wie beispielsweise, dass man eine ordentliche Frisur haben musste oder keine Drogen nehmen durfte.

Ihre Losung war: *Turn on, tune in, drop out* – was übersetzt heißt: Törne dich an, stimme dich ein und falle aus dem „normalen" Leben heraus. In Deutschland fanden die Hippies ein Gegenstück, das heute als *68er-Bewegung* bezeichnet wird. Studenten besetzten Häuser, protestierten gegen überkommene Gesellschaftsformen und lehnten jede Form von Materialismus (schickes Auto, tolles Haus, gut bezahlter Job usw.) ab. Damals hieß die Losung „Trau' keinem über 30". Man sprach von der „freien Liebe", also Sex mit wechselnden Partnern.

Wie sehr sich Normen und Werte ändern können, zeigt eine Shell-Umfrage: Materielle Dinge werden heute bei den Jugendlichen sehr groß geschrieben. Fast jeder Jugendliche möchte später ein eigenes Haus besitzen, einen gewissen *Lifestyle* pflegen, einen großen Wagen einer prestigeträchtigen Marke fahren, einen „coolen" Job mit viel Geld und viel Freizeit haben usw. Was das Ideal der freien Liebe angeht, so wird heute jeder Fünftklässler darüber aufgeklärt, dass AIDS eine ansteckende, unheilbare Krankheit ist, vor der man sich unbedingt schützen muss.

2 Welche Normen gelten bei den heutigen Jugendlichen? Wie sind sie ethisch einzustufen? Diskutiert und erstellt eine Liste.

3 Vergleicht die genannten Normen und Ideale der Hippies und Achtundsechziger mit denjenigen, die sich heute in der Gesellschaft finden, und bewertet sie aus dem Blickwinkel von Ethik und Moral.

Tugenden

Was sind Tugenden?

Begriffserklärung

1 *Erklärt, was der Begriff „Tugend" bedeutet. Verwendet, falls ihr Schwierigkeiten habt, ein Wörterbuch. Sucht Beispiele für tugendhaftes Verhalten.*
2 *Wie lautet das Gegenteil von „Tugend", wie das von „tugendhaft"? Findet konkrete Beispiele für ein derartiges „Antiverhalten".*

Fallbeispiel 1: Nick

Nick hatte es nie so richtig mit der Arbeit. Wann immer es ging, ließ er andere die Arbeit machen, er seilte sich immer ab. Die Brotzeitpausen in der Firma verlängerte er schon gerne mal um zehn Minuten. Besorgungsfahrten für die Firma schlossen immer noch eine kleine Kaffeepause mit ein. Ein mit ihm befreundeter Arzt schrieb ihn bei jedem kleinen Schnupfen krank. Nick nannte ihn deswegen Doc Holiday. Nach einiger Zeit wurde Nick von seinem Arbeitgeber zunächst abgemahnt und schließlich, weil er sein Soll immer noch nicht brachte, entlassen.
Seitdem ist er arbeitslos gemeldet. Auf einen neuen Job hat er keinen Lust. In seinem Privatleben macht er gerne Kickboxen und schaut DVDs. Seinen letzten Urlaub verbrachte er in der Dominikanischen Republik.

Fallbeispiel 2: Anita

Anita arbeitet etwa 40 Stunden die Woche im Hotel. Manchmal hat sie Frühdienst, manchmal Spätdienst. Sie ist als sehr fleißige und gewissenhafte Arbeitskraft bekannt. Weil das alles noch nicht genügt, arbeitet sie noch zweimal die Woche im Callcenter eines Finanzanbieters. Sollte sie am Wochenende einmal frei haben, so fährt sie nach Hause zu ihren Eltern, die eine Gastwirtschaft haben. Dort arbeitet sie selbstverständlich mit. Zeit für Sport, Freunde oder mal einen Urlaub hat sie nie.

3 *Diskutiert in der Klasse, wie das Verhalten der Personen in Fallbeispiel 1 und 2 moralisch einzuordnen ist. Berücksichtigt die Lebensqualität, die die Betreffenden und ihr Umfeld haben. Gibt es auch einen Mittelweg zwischen diesen beiden Extremfällen? Wie würde dieser aussehen?*

Das Wort **Tugend** ist sprachgeschichtlich mit „taugen" verwandt, wie wir das in Sätzen wie z. B. „Das taugt mir" oder „Er taugt nichts" verwenden. Es bezeichnet den Willen eines Menschen zum Guten und steht für Tüchtigkeit und Ehrlichkeit.

Tugenden sind positive Eigenschaften, die ein Mensch haben sollte. Sie sind die Mitte zwischen zwei Extremen: dem Übermaß an etwas und dem Mangel. Wie die obigen Beispiele zeigen, gibt es einen Mittelweg zwischen Faulheit (vgl. Nick) einerseits und Arbeitswut andererseits (vgl. Anita). Dass der Begriff „Tugend" in unserer modernen Gesellschaft etwas aus der Mode gekommen ist, zeigt auch der moderne Sprachgebrauch, in dem der Begriff „Untugend" (= Laster, schlechte Angewohnheit) kaum mehr vorkommt.

1 *Erkläre die bekannte Redewendung „aus der Not eine Tugend machen". Finde weitere Ausdrücke und Sprichwörter, die das Wort „Tugend" beinhalten. Verwende dazu Zitatenlexika oder Sammlungen von Aussprüchen berühmter Persönlichkeiten.*

Tugenden sind gesellschaftlich anerkannte **Wertmuster**. Die Tugenden schlechthin gibt es deswegen nicht und gab es auch nie. Der Tugendbegriff ist immer sehr eng mit der Zeit und der Gesellschaft verbunden, in der er geprägt wird.

Die vier Kardinaltugenden

Der Begriff **Kardinaltugenden** (von lat. *cardinalis*: hauptsächlich) bezeichnet in der antiken Philosophie die wichtigsten Tugenden, die allen anderen Tugenden zugrunde liegen. Sie heißen auch Grund- oder **Primärtugenden** und gehen auf den altgriechischen Philosophen Platon zurück, einen Schüler von Sokrates. Nach Platon gibt es vier Kardinaltugenden:

Platon
(428/427–348/347 v. Chr.)

- **Weisheit (Klugheit)**
  Zur Weisheit und Klugheit gehört, dass man vorausblickend handelt, Situationen abwägt, bevor man entscheidet, sowie ein ausreichend großes Wissen um die Dinge.

- **Tapferkeit**
  Mut, Ausdauer, Unerschrockenheit und Durchhaltevermögen machen diese Tugend aus.

- **Besonnenheit (Mäßigkeit, Mäßigung)**
  Hierzu zählen das Maßhalten und die Mitte zu finden sowie das Vermeiden von Extremen.

- **Gerechtigkeit**
  Der Gerechtigkeit räumte Platon die größte Bedeutung bei.

Die vier Kardinaltugenden wurden von der christlichen Sittenlehre übernommen und im Mittelalter um **Glaube, Hoffnung** und (Nächsten-)**Liebe** erweitert (s. u.).

Man kann die Kardinaltugenden auch von ihrer Negativseite her beleuchten. Zu den Kardinallastern, also den schlimmsten Untugenden zählen: Unbesonnenheit, Feigheit, Zügellosigkeit (Maßlosigkeit) und Ungerechtigkeit.

2 *Finde zeitgemäße realistische Beispiele für die vier Kardinaltugenden.*

Sekundärtugenden

„Sekundär" bedeutet „an zweiter Stelle kommend", „zweitrangig" und „untergeordnet". Die **Sekundärtugenden** kommen also nach den Kardinaltugenden, sie wurden ihnen gewissermaßen hinzugefügt. Man meint damit Charaktereigenschaften eines Einzelnen, die für das Zusammenleben innerhalb einer Gemeinschaft notwendig sind. Die Sekundärtugenden haben für sich alleine gesehen wenig Bedeutung, solange sie nicht als Umsetzung der Kardinaltugenden gemeint sind. Zu den Sekundärtugenden gehören insbesondere Sauberkeit, Fleiß, Disziplin, Pflichtbewusstsein, Pünktlichkeit, Zuverlässigkeit, Ordnungssinn, Höflichkeit, Treue und Gehorsam. Zudem sind Geduld, Beständigkeit (Durchhaltevermögen), Bescheidenheit, Verantwortungsbewusstsein und Ehrlichkeit (= Redlichkeit, Wahrhaftigkeit) zu nennen.

Im Gegensatz zu den Kardinaltugenden ist es von der jeweiligen Gruppe oder Gesellschaft abhängig, was als eine Sekundärtugend anzusehen ist. Pflicht- und Ordnungssinn sowie Gewissenhaftigkeit wurden und werden immer noch als typisch deutsche Sekundärtugenden angesehen.

1 *Bildet Gruppen und findet zu jeder Sekundärtugend einige konkrete Beispiele, die ihr euch auf ein Blatt notiert und anschließend mit der ganzen Klasse besprecht.*
2 *Sind die Sekundärtugenden wirklich sekundär im Sinne von „nebensächlich"?*

Religiöse Tugenden

Unabhängig von der Art der Religion sind die religiösen Tugenden sehr eng mit der Einhaltung der religiösen Vorschriften und Pflichten verbunden: Zu den religiösen Tugenden gehören:

- Frömmigkeit und Gottesfurcht
- das regelmäßige Beten und die Kulthandlungen (z. B. Gottesdienst in der Kirche oder Gebet in der Moschee)
- die Gabe von Spenden und Almosen (Opfer)
- der Besuch heiliger Stätten (z. B. Papstbesuch in Rom, Pilgerfahrt nach Mekka)
- das Einhalten heiliger Zeiten (z. B. vorösterliche Fastenzeit im Christentum, Fastenmonat Ramadan bei den Muslimen)
- die Teilnahme an religiösen Festen (z. B. Ostern und Weihnachten bei den Christen, Opferfest und Fest des Fastenbrechens bei den Muslimen)
- das Befolgen der Verhaltensregeln der Religion (z. B. die Zehn Gebote) im Alltag

Das Christentum fügte den vier Kardinaltugenden der griechischen Philosophie noch die drei **religiösen Kardinaltugenden** Glaube, Hoffnung und (Nächsten-)Liebe hinzu. Daneben gibt es eine Reihe weiterer Tugenden, die religionsnah sind, wie etwa Demut und Bescheidenheit.

3 *Was versteht man unter den Tugenden Demut und Bescheidenheit? Ziehe ein Wörterbuch zu Rate und finde konkrete Beispiele für diese Tugenden. Sind diese beiden Tugenden noch zeitgemäß? Begründe.*
4 *Ist es sinnvoll, religiös tugendhaft zu sein, wenn man in unserer Gesellschaft vorwärts kommen und es zu etwas bringen möchte? Begründe ausführlich.*

Bedeutungswandel von Tugenden

Tugenden bedeuten nicht immer das Gleiche. Im Laufe der Geschichte hat sich sowohl der Stellenwert bestimmter Tugenden innerhalb der Gesellschaft enorm gewandelt als auch der Inhalt, der mit einer Tugend in Verbindung gebracht wird.

1 Welche Tugenden sind deinen Großeltern wichtig, welche der Generation deiner Eltern? Wie stehen heutige Jugendliche zu diesen Tugenden?
2 Was verstehst du unter Tapferkeit? In welchen Situationen muss man tapfer sein?

Im Folgenden wollen wir beispielhaft an Tapferkeit untersuchen, welchem inhaltlichen Wandel diese Tugend im Laufe der Zeit unterlag.

Tapferkeit im Dritten Reich ... und heute

Im Dritten Reich war „Tapferkeit vor dem Feind" eine hohe Tugend. Es galt als eine Ehre, für das Vaterland zu sterben. Kurz vor Kriegsende wurden noch 15-/16-jährige Jugendliche zum Frontdienst eingezogen.

Hitler zeichnet Jugendliche mit der Tapferkeitsmedaille aus

3 Welche Begriffsverengung für die Tugend Tapferkeit fand im Dritten Reich statt?
4 Ist es wirklich eine Ehre, für das Vaterland zu sterben? Diskutiert und begründet.
5 Ist Tapferkeit immer mit „das Leben verlieren" gleichzusetzen? Gibt es auch andere Formen der Tapferkeit?

Im Alltag hört man im Deutschland des 21. Jahrhunderts den Begriff „Tapferkeit" kaum mehr. Er wird höchstens noch gegenüber Kleinkindern beim Arztbesuch verwendet, wenn die Mutter beispielsweise sagt: „Du warst heute sehr tapfer." Auch bei Trauerfällen hört man hin und wieder den Satz: „Sie müssen jetzt sehr tapfer sein." In der Bundeswehr hört man Sätze wie: „Es nützt nichts, für das Vaterland zu sterben, sondern man muss für das Vaterland überleben." Im Berufsleben taucht der Begriff nie auf, dort spricht man eher von „Belastbarkeit" oder verwendet Formulierungen aus dem Boxsport, wie „Nehmerqualitäten beweisen" oder „einstecken können".

6 Was sind wohl die Gründe, warum der Begriff „Tapferkeit" speziell in Deutschland nur mehr selten und zögerlich verwendet wird?
7 Zählt es heute noch zu tugendhaftem Verhalten, tapfer zu sein?
8 Erkläre den Sinn, der hinter dem Satz: „Man muss nicht für das Vaterland sterben, sondern man muss für das Vaterland überleben" steht.
9 Welche Dimensionen der Tapferkeit fehlen in Sätzen wie, wenn die Mutter über das Kind nach dem Zahnarztbesuch sagt „Er war sehr tapfer"?
10 Diejenigen Schüler, die aus einem anderen Kulturkreis kommen, können zu Hause fragen, was der Begriff „Tapferkeit" in ihren Herkunftsländern mit einschließt und inwieweit Tapferkeit dort eine Tugend ist.

Typisch deutsche Tugenden? Auch heute noch?

1. Welche Tugenden werden von anderen Nationen als typisch deutsch gesehen? Die Schüler eurer Ethikgruppe, die aus anderen Kulturkreisen kommen, können hier sicherlich interessante Einblicke auf die typisch deutschen Tugenden geben, wie man sie in anderen Ländern sieht.
2. Gelten die auf den Bildern dargestellten Personen und das Image, das sie haben, als typisch deutsch? Welche Tugenden verkörpern sie? Sind diese auch als typisch deutsch anzusehen?

Angela Merkel — Ludwig van Beethoven — Günther Jauch
Franz Beckenbauer — Nena — Albert Einstein
Papst Benedikt XVI. — Boris Becker — Johann Wolfgang von Goethe

3. Inwiefern gelten Gründlichkeit, Pünktlichkeit, Genauigkeit, Pflichtbewusstsein, Gehorsam gegenüber Höhergestellten, Ehrgeiz, Ernsthaftigkeit als typisch deutsche Tugenden?
4. Kabarettisten haben den Anfang der Nationalhymne „Einigkeit und Recht und Freiheit für das deutsche Vaterland" umgedichtet in „Einigkeit und Recht auf Freizeit …". Was, denkst du, wollten sie wohl in Bezug auf (neue?) deutsche Tugenden hier zum Ausdruck bringen?
5. Welche Tugenden sind typisch italienisch/türkisch/amerikanisch/russisch/französisch …?

Der Stellenwert von Tugenden

Innerhalb jeder Gesellschaftsform haben Tugenden einen mehr oder weniger großen Stellenwert. Die beiden folgenden Unterkapitel beleuchten dies anhand der ethischen Tugenden und der Arbeitstugenden.

Ethische Tugenden

Aristoteles war ein griechischer Philosoph und Erzieher Alexanders des Großen. Er unterschied zwischen

- **Verstandestugenden** (Weisheit, Klugheit, Wissen, Können) und

- **ethischen Tugenden**.
  Die ethischen Tugenden werden als die Mitte zwischen zwei Extremen aufgefasst.

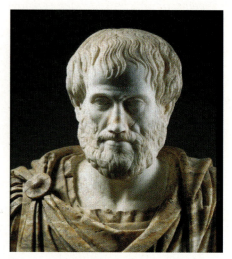

Aristoteles (384–322 v. Chr.)

Die bekannte Redewendung „die goldene Mitte finden" ist auch heute noch weitverbreitet. Sie zielt auf die ethischen Tugenden ab. So liegt z. B. die Tapferkeit in der goldenen Mitte zwischen Feigheit einerseits und blindem Draufgängertum andererseits.

In der modernen Gesellschaft sind viele ethische Tugenden in den Hintergrund getreten. Viele Zeitgenossen beklagen den überall verbreiteten Egoismus, die um sich greifende Rücksichtslosigkeit und den Konsumwahn.

1 *Findet Beispiele, die belegen, dass gewisse ethische Tugenden in unserer heutigen Gesellschaft an Bedeutung verloren haben.*

2 *Wie ist dieser Verlust zu bewerten? Inwiefern hat dieser Verlust ethischer Tugenden Auswirkungen auf die Gesellschaft? Was wäre anders, wenn diese Tugenden präsenter wären?*

3 *Durch welche Maßnahmen könnte man diesen Verlust wieder ausgleichen, also die Bedeutung der Tugenden wieder herstellen?*

4 *Erfindet konkrete Beispiele für Situationen, in denen es zwingend notwendig ist, einen „goldenen Mittelweg" einzuschlagen.*

Arbeitstugenden im Berufsleben

In zwei Jahren werden die meisten von euch nach der mittleren Reife ins Berufsleben eintreten. Dort werden bestimmte Verhaltensweisen, bestimmte Tugenden vorausgesetzt – die sog. Arbeitstugenden. Viele von ihnen sind identisch mit den Sekundärtugenden, von denen du bereits gehört hast. Zu den Arbeitstugenden zählen: Fleiß, Ehrlichkeit, Zuverlässigkeit, Gründlichkeit, Pünktlichkeit, Disziplin und Durchhaltevermögen, Verantwortungsbewusstsein, Ordnungssinn und Geduld.

1 Weshalb sind viele Arbeitstugenden identisch mit Sekundärtugenden? Begründe.
2 Aus welchen Gründen legen Arbeitgeber bei der Belegschaft Wert auf Arbeitstugenden?
3 Welche negativen Konsequenzen hat das Fehlen von bestimmten Arbeitstugenden für die Firma? Spielt das Fehlen einiger Tugenden konkret durch und berücksichtigt dabei auch die Konsequenzen für den Angestellten bzw. Arbeiter.
4 Spielen im heutigen Arbeits- und Wirtschaftsleben die Kardinaltugenden oder die Sekundärtugenden eine größere Rolle? Begründe.

Der Stellenwert gewisser Tugenden innerhalb anderer Gesellschaften

Auch in anderen Kulturen, Werte- und Religionsgemeinschaften spielen Tugenden eine große Rolle. Wie man an den sogenannten **Ehrenmorden** sieht, können bestimmte Werte, die z. B. in manchen, oft muslimischen Gesellschaftskreisen gelten, in Westeuropa als befremdlich gesehen werden. Ein Ehrenmord ist die vorsätzliche Tötung eines Menschen. Dadurch soll aus der Sicht des Täters die Ehre des Täters selbst, einer dritten Person(engruppe) oder des Getöteten wieder hergestellt werden.

Die deutsch-türkische Rechtsanwältin Seyran Ates

Laut Weltbevölkerungsbericht der UNO* werden jedes Jahr weltweit mindestens 5 000 Mädchen und Frauen wegen sogenannter sittlicher Ehre ermordet. Grundlage für diese Mordtaten ist ein uralter Ehrenkodex, der bestimmte Verhaltensregeln festlegt, wie z. B. die Tugend, dass ein Mädchen als Jungfrau in die Ehe gehen muss. Auch Beleidigungen zwischen Familienclans können zu Ehrenmorden führen; dadurch glaubt man, die Familienehre wieder herzustellen. Insbesondere in stark traditionsbewussten Gruppen, wie sie häufig in islamisch geprägten ärmeren Ländern vorzufinden sind, wird die Ehre als besonders hohes und schützenswertes Gut eingestuft, das verteidigt werden muss, in extremen Fällen sogar durch Morde.

Ehrenmorde lassen sich nicht mit der Theologie des Islam begründen, sondern sind vielfach eine vorislamische Praxis. Bei vielen Ehrenmorden in westlichen Ländern (z. B. Deutschland) haben die Täter eine islamisch-fundamentalistische bzw. antiwestliche Grundeinstellung. Gemäßigte Muslime in Kreisen des aufgeklärten Islam wenden sich eindeutig gegen solche Morde, wie das Beispiel der deutsch-türkischen Rechtsanwältin Seyran Ates zeigt. Sie vertritt die Rechte muslimischer Frauen in Deutschland und wurde selbst schon von Islamisten bedroht. In ihrer Kanzlei fand sogar ein Ehrenmord an einer muslimischen Frau statt, die sich von der Rechtsanwältin in einer Scheidungssache beraten ließ.

Vorschläge für Referate/Projekte:

1 Einige Schüler eurer Ethikgruppe kommen sicherlich aus einem anderen Kulturkreis. Haltet ein Referat darüber, welche Tugenden dort gelten und welche Verhaltensweisen als untugendhaft verpönt sind. Geht auch auf den Aspekt ein, wo hier z. B. ein Deutscher kulturelle Verständnisschwierigkeiten haben könnte.

2 Gestaltet eine Schautafel zum Thema Ehrenmorde. Welche weiteren Ursachen als die genannten gibt es? Beleuchtet dabei auch den kulturellen Hintergrund und den Bildungsgrad der Täter.

Maßstäbe als Voraussetzungen für ein menschliches Zusammenleben

Wir konstruieren Alternativgesellschaften:

3 Stellt euch vor, ein Flugzeug stürzt ab und muss eine Wasserlandung machen. Die Menschen retten sich auf eine einsame Insel, wo sie sich niederlassen. Sie müssen ungefähr ein Jahr dort verbringen, ehe sie gerettet werden und in die Zivilisation zurückkehren können. Gesetze gibt es auf der Insel (noch) keine. Führt in kleinen Gruppen einmal dieses Gedankenspiel durch und bedenkt auch Fragestellungen, wer regieren würde und wie es um soziale Grundlagen oder um moralisch-ethische Werte bestellt wäre.

4 Übertragt dieses Beispiel auf eure nächste Umgebung: die Schule. Was würde sich alles verändern, wenn es keinerlei Regeln, Normen, Werte und Tugenden mehr gäbe. Kurzfristig hätten bestimmt viele Menschen ihren Spaß. Würdest du jedoch auf Dauer in eine solche Schule gehen wollen?

Wir fassen zusammen:
Ohne grundlegende und für alle gültige Maßstäbe wie **Werte**, **Normen** und **Tugenden** gibt es kein geordnetes menschliches Zusammenleben. Es genügt jedoch nicht, Normen nur formal richtig zu erfüllen. Man muss den Normen, Werten und Tugenden auch innerlich zustimmen.

Abszess
ist eine schwere eitrige Entzündung, die zur Blutvergiftung führen kann. (Kap. 3, S. 62)

Aleviten
Hierbei handelt es sich um eine Richtung im Islam (vergleichbar mit den Sunniten und Schiiten). (Kap. 3, S. 53)

amnesty international (Abk. ai)
ist eine Hilfsorganisation für politisch Gefangene, die 1961 gegründet wurde. Sie betreut Menschen, die aus politischen, rassistischen oder religiösen Gründen in Haft sind, versucht Freilassung oder Strafmilderung zu erwirken und kämpft gegen Folter und Todesstrafe. ai hat 1 Mio. Mitglieder in über 160 Ländern. 1977 erhielt die Organisation den Friedensnobelpreis. (Kap. 3, S. 67; Kap. 7, S. 171)

Apartheid
stammt aus dem Afrikaans (Sprache in Südafrika) und bedeutet „Gesondertheit". In der Republik Südafrika war die Apartheid die seit 1948 praktizierte und gesetzlich verankerte Politik der Rassentrennung zwischen der weißen und farbigen (Bantu, Mischlinge, Asiaten) Bevölkerung. 1993 wurde mit dem Inkrafttreten der Verfassung die Apartheid endgültig aufgehoben. Ziel der Apartheid war die Sicherung des Herrschaftssystems der privilegierten weißen Minderheit. (Kap. 2, S. 36)

Atatürk, Kemal
bedeutet „der große Türke". Kemal Atatürk war der Staatsgründer der modernen Türkei nach dem Zusammenbruch des Osmanischen Reiches. Er trennte Religion und Staat strikt voneinander. So dürfen Mädchen an staatlichen Schulen kein Kopftuch tragen, da es als religiöses Symbol gilt. (Kap. 3. S. 53)

Atheisten
Menschen, die nicht an Gott glauben. (Kap. 7, S. 175)

Auszehrung
Im Mittelalter wurde damit wohl eine Darm- oder Magenerkrankung bezeichnet, die den Erkrankten durch Durchfall und Erbrechen schwächt. (Kap. 3, S. 62)

Bekenntnislose
sind Menschen, die sich nicht zu einer bestimmten Religionsgemeinschaft (z. B. Christentum, Muslime usw.) bekennen, d.h. ihr nicht angehören. Im Gegensatz zu den → Atheisten können Bekenntnislose sehr wohl religiös sein und an Gott glauben. (Kap. 7, S. 175)

Beschneidung
1. Wenn einem Mann das vordere Ende des Penis (Vorhaut) entfernt wird. Wird traditionell von moslemischen und jüdischen Gläubigen bei Jungen vorgenommen. (Kap. 3, S. 49)
2. Bei einer Mädchenbeschneidung wird die Klitoris entfernt. Die Beschneidung von Mädchen kommt einer Verstümmelung gleich. Diese frauenverachtende Tradition verstößt gegen die Würde und gegen das Menchenrecht auf körperliche Unversehrtheit. (Kap. 5, S. 124)

Bräuche (Kap. 1, S. 11)

Cluster
kommt aus dem Englischen und bedeutet „Klumpen" oder „Traube". Indem man seine Ideen und gedanklichen Verknüpfungen in schriftlicher Form wie bei einer Traube anordnet, kann man die Gedanken besser strukturieren, weil diese Anordnung der Funktionsweise des Gehirns besser entspricht. Der Ideenstern ist die einfachste Form eines Clusters. (Kap. 1, S. 15)

Dischdascha
ist das traditionelle weiße Gewand der → Scheichs in Saudi-Arabien und in den Vereinigten Arabischen Emiraten. (Kap. 3, S. 67)

Drogen (Kap. 5, S. 102/103 und Kap. 6, S. 132/133)

Euthanasie
kommt aus dem Griechischen und bedeutet übersetzt „schöner Tod", meint also einen schnellen und schmerzlosen Tod. Im medizinischen Bereich versteht man darunter die → Sterbehilfe. Unter der nationalsozialistischen Herrschaft in Deutschland („Drittes Reich") verstand man darunter „die Vernichtung lebensunwerten Lebens": Die Ermordung von Erbkranken oder Behinderten wurde in Statistiken oftmals mit dem Begriff „Desinfektionen" verschlüsselt. (Kap. 1, S. 14)

Evangelist
Verfasser eines der vier → Evangelien im Neuen Testament. Die vier Evangelisten heißen in chronologischer Reihenfolge Matthäus, Markus, Lukas und Johannes. (Kap. 7, S. 175)

Evangelium
bedeutet in griechisch-lateinischer Übersetzung „gute Botschaft" oder „Frohbotschaft". Damit ist die Heilsbotschaft Jesu Christi gemeint. Es gibt insgesamt vier Evangelien (→ Evangelisten). Es sind Berichte über das Leben und Wirken Jesu, sowie über das Kommen des Gottesreiches. (Kapitel 7, S. 175)

Fundamentalisten/fundamentalistisch
Damit bezeichnet man extrem religiöse, strengstens bibel- oder korangläubige Menschen, die sich in allen Lebensfragen an den heiligen Schriften orientieren und sich gegen die modernen Naturwissenschaften wenden. Jegliche Kritik an den heiligen Schriften ist verboten. Je nach Glaubensrichtung spricht man von → islamistischen oder christlichen Fundamentalisten. Der Begriff ist in der Regel mit religiösen Extremisten und Fanatikern gleichzusetzen. (Kap. 7, S. 182)

Gebote (Kap. 1, S. 11)

Gesetze (Kap. 1, S. 11)

Gesundheit (Kap. 7, S. 126–133)

Globalisierung
Die Tatsache, dass die Welt „immer kleiner wird" und die Länder durch moderne Medien immer besser miteinander vernetzt sind, bezeichnet man als Globalisierung (oder Internationalismus). Durch den internationalen Handel entsteht ein größerer Wettbewerb. (Kap. 7, S. 182)

Götzendiener(in)
ein Tier, Mensch oder Ding, das wie ein Gott verehrt wird, nennt man Götze oder Götzenbild. Ein(e) Götzendiener(in) ist folglich ein(e) Mann/Frau, der/die an eine Götze glaubt. Im arabischen Kulturkreis zu Zeiten Mohammeds glaubten die Menschen ähnlich wie in der Antike an verschiedene Götter, sie waren sogenannte Polytheisten. Mohammed wollte sich von diesem Glauben distanzieren, denn der Islam ist eine monotheistische Religion. (Kap. 3, S. 57)

Grenzsituation
eine Lage, in der man sich befindet, die nicht alltäglich ist, und in der es z. B. um das Überleben geht. Beispiele: Du hast einen Verkehrsunfall und kommst mit lebensbedrohlichen Verletzungen ins Krankenhaus. An einer Schule findet ein Amoklauf statt. Deine Eltern lassen sich scheiden. In solchen Situationen kommt der Mensch an eine Grenze. (Kap. 1, S. 20)

Großwesir
(Wesir ≙ arabisch „Stütze") war früher leitender Minister in islamischen Staaten. (Kap. 3, S. 63)

Hadith
Der Hadith ist eine Textsammlung von Aussprüchen Mohammeds und ist neben dem Koran eine Quelle religiöser Vorschriften im Islam. (Kap. 3, S. 57)

Hippokratischer Eid

Der griechische Arzt Hippokrates (ca. 460 – ca. 370 v. Chr.) gilt als Begründer der modernen Medizin. Jeder Arzt muss einen Eid ablegen, bevor er seinen Beruf ausüben darf. Dieser Eid legt die moralisch-ethische Grundlage des Arztberufes fest. Darin enthalten sind zum Beispiel die Verpflichtung, stets zum Wohl des Kranken zu handeln, das Einhalten der ärztlichen Schweigepflicht sowie das Verbot, eine Abtreibung durchzuführen. Der Eid des Hippokrates wird in seiner klassischen Form heute nicht mehr von Ärzten geleistet und hat keine Rechtswirkung. (Kap. 7, S. 180)

Hodscha

war im Osmanischen Reich der Titel für den Lehrer, Geistlichen und Meister. In Syrien oder Ägypten wird es in der Form Hawadja als Anrede für Kaufleute und Ausländer gebraucht. (Kap. 3, S. 59; Kap. 3, S. 65)

Identität (Kap. 6, S. 135)

Institution

eine öffentliche Einrichtung, die dem Wohl des Einzelnen oder der Allgemeinheit dient, z. B. Altenheime, Kinderkrippen, Tagesstätten usw. Die meisten Institutionen sind kirchlich oder staatlich (= öffentlich). (Kap. 1, S. 18)

Integration

Integration bedeutet die Eingliederung ausländischer Mitbürger in die deutsche Gesellschaft, z. B. durch Sprachkurse und geeignete Fördermaßnahmen. (Kap. 3, S. 70; Kap. 7, S. 165)

interkulturell

die Beziehung zwischen den verschiedenen Kulturen betreffend. Ein interkultureller Austausch findet statt, wenn sich verschiedene Kulturen begegnen und gegenseitig beeinflussen. (Kap. 3, S. 71)

Interpretation

Bei einer Interpretation wird z. B. ein Text ausgelegt, erklärt oder gedeutet. Vor allem alte Texte (z. B. die Bibel, der Koran) sind nicht immer so geschrieben, dass der moderne Mensch die Bedeutung eindeutig verstehen kann. Deshalb gibt es von Wissenschaftlern unterschiedliche Interpretationsansätze, über die diskutiert wird. (Kap. 3, S. 57)

Islam (Kap. 3, S. 47)

Islamisten/islamistisch

sind muslimische → Fundamentalisten oder Extremisten, die die wörtliche Befolgung der Vorschriften des Korans fordern sowie einen islamischen Gottesstaat, in dem die islamische Pflichtenlehre (Scharia) mit ihren z.T. drastischen Körperstrafen (z. B. Hand abhacken bei Diebstahl) gilt. Bei der Durchsetzung ihrer Interessen schrecken Islamisten auch vor Terroranschlägen nicht zurück. Von den Islamisten sind die („normalen") gläubigen Muslime streng zu unterscheiden, die entschieden gegen solche Methoden sind. (Kap. 7, S. 182)

Jugendkultur (Kap. 5, S. 95)

Kaaba

In Mekka befindet sich die Kaaba, das Zentralheiligtum des Islam: ein würfelförmiger Stein, an dessen südöstlicher Ecke ein schwarze Meteorit (Hadschar) eingemauert ist, den alle Pilger ehrfurchtsvoll küssen. Die Kaaba ist mit einem schwarzen Stoffbehang verkleidet. (Kap. 3, S. 55)

Konfession

Auch Glaubensbekenntnis. Wenn man einer Konfession angehört, bekennt man sich zu dem Glauben einer Kirche, z.B. katholisch oder evangelisch. (Kap. 3, S. 45)

Glossar

Konflikt (Kap. 2, S. 32)

Konfliktbewältigung (Kap. 2, S. 32–42)

Leitbilder (Kap. 5, S. 109–124)

Muezzin
islamischer Gebetsrufer (Kap. 3, S. 59)

Mufti
Islamischer Rechtsgelehrter, der z.B. Rechtsgutachten erstellt. (Kap. 3, S. 70)

Normen (Kap. 7, S. 172–184)

Okkultismus (Kap. 5, S. 99)

Okzident
ist das Fremdwort für „Abendland" und steht im Gegensatz zum → Orient. Der europäische und amerikanische Kulturkreis werden seit dem Mittelalter dem Okzident zugeordnet, weil Europa westlich von Jerusalem, der heiligen Stadt, liegt. (Kap. 3, S. 62)

Orient
ist das Fremdwort für „Morgenland" und steht im Gegensatz zum → Okzident. Der asiatische Kulturkreis und vor allem die muslimisch geprägten Länder werden seit dem Mittelalter dem Orient zugeordnet, weil sie östlich von Jerusalem, der heiligen Stadt, liegen. (Kap. 3, S. 62)

Pfadfinder
Die Pfadfinder (engl.: *Boyscouts*) sind die größte freiwillige internationale Jugendbewegung. Sie wurden 1907 von R. S. S. Baden-Powell in Amerika gegründet und zählen weltweit über 26 Millionen Mitglieder. Sie verpflichten sich auf die Grundideen der → Solidarität, → Toleranz und Mitverantwortung. Ziel ist die Förderung von Gemeinschaftsgeist und naturgemäßer Lebensweise auf freiheitlicher und parteiunabhängiger Basis. (Kap. 1, S. 19)

Pfarrer
ist der Inhaber eines Pfarramtes, dem die Betreuung der Pfarrei bzw. Kirchengemeinde obliegt. Der Pfarrer wird in der katholischen Kirche vom Diözesanbischof, in den evangelischen Kirchen durch landeskirchliche Verfügung oder Gemeindewahl beauftragt. Voraussetzung für diese Berufung ist ein Theologiestudium, eine kirchlich-praktische Ausbildung und die Weihe (katholisch) oder Berufung (evangelisch). (Kap. 3, S. 65)

Rahmenhandlung
Manche Geschichten sind in eine Rahmenhandlung eingebettet, d. h., es gibt noch eine weitere Erzählebene, sozusagen eine Geschichte in der Geschichte. Der Leser erfährt etwas von einem Erzähler, der eine oder mehrere Geschichten erzählt und vielleicht selbst etwas erlebt. (Kap. 3, S. 63)

Schiiten
Schon wenige Jahrzehnte nach Mohammeds Tod kam es zur Spaltung der Muslime in Sunniten und Schiiten. Die Schiiten bilden rund 10 % aller Muslime. Sie akzeptieren nur den Imam als obersten Führer. Er muss ein rechtmäßiger Nachfolger Mohammeds und gleichzeitig ein Nachfolger Alis (Schwiegersohn Mohammeds) sein. (Kap. 3, S. 45)

Sitten (Kap. 1, S. 11)

Solidarität
bedeutet Gemeinsinn, Kameradschaftsgeist und Zusammengehörigkeitsgefühl. (Kap. 1, S. 19)

Sterbehilfe
(Fremdwort → Euthanasie) bedeutet einem Sterbenden zum Tod zu verhelfen. Man unterscheidet zwischen aktiver (z. B. durch eine Giftspritze) und passiver Sterbehilfe (z. B. durch Abschalten der Beatmungsmaschine) sowie Sterbehilfe auf ausdrücklichen Wunsch des

Sterbenden und auf Wunsch anderer Personen (z. B. Verwandter). In Deutschland ist die aktive Sterbehilfe verboten und kann zu einer Gefängnisstrafe führen. Die Beihilfe zum Selbstmord, z. B. durch Bereitstellen eines tödlichen Medikaments, ist nicht strafbar. (Kap. 7, S. 180)

Streitschlichter

sind Mitschüler, die aufgrund einer speziellen Ausbildung die Fähigkeit besitzen, ihren Mitschülern bei Streitigkeiten beizustehen. Oft gibt es an Schulen ein spezielles Streitschlichterzimmer, in dem die Streitschlichter in den Pausen Schlichtungen durchführen. Voraussetzung für eine erfolgreiche Schlichtung ist aber immer die Bereitschaft der Konfliktpartner („Streithähne"), sich helfen zu lassen. Streitschlichter werden auch als **Konfliktlotsen** oder **Mediatoren** bezeichnet. (Kap. 2, S. 38)

Sultan

Hierbei handelt es sich um einen islamischen (v. a. türkischen) Herrschertitel. Die osmanische Sultanswürde wurde 1922 mit der Ausrufung der Republik abgeschafft. Das Sultanat ist das Herrschaftsgebiet eines Sultans. (Kap. 3, S. 66)

Sunniten

Schon wenige Jahrzehnte nach Mohammeds Tod kam es zur Spaltung der Muslime in Sunniten und Schiiten. Die Sunniten, denen 90 % aller Muslime angehören, sehen den Kalifen als obersten Führer an, der nicht nur aufgrund seiner geistlichen, sondern auch aufgrund seiner weltlichen Macht gewählt wurde. Mit dem Untergang des Osmanischen Reiches wurde das Kalifat jedoch abgeschafft, sodass es bei den Sunniten keine von allen anerkannte Autorität mehr gibt. (Kap.3, S. 45)

Supreme Council

Übersetzt bedeutet diese Institution „Oberster Rat". Politiker des Landes beraten die Probleme und Vorhaben des Landes. (Kap. 3, S. 67)

Toleranz

Eine Einstellung, bei der man andere Meinungen, Glaubensvorstellungen oder Ähnliches respektiert, duldet oder achtet. (Kap. 1, S. 19; Kap. 6, S. 148)

Tugenden (Kap. 7, S. 185–192)

UN/UNO → **Vereinte Nationen** (Kap. 5, S. 124; Kap. 7, S.170, S. 191)

UNICEF

Abkürzung für *United International Children's Emergency Fund*, das Weltkinderhilfswerk der Vereinten Nationen. UNICEF wurde 1946 gegründet, hat seinen Sitz in New York und erhielt 1965 den Friedensnobelpreis. (Kap. 1, S. 18)

Unveräußerliche Rechte

Unveräußerliche Rechte wie z. B. die Grund- oder Menschenrechte kann man nicht verkaufen (= veräußern). Sie können einem aber auch nicht weggenommen werden. (Kap. 7, S. 160)

Verbote (Kap. 1, S. 11)

Vereinte Nationen

Die Vereinten Nationen, englisch *United Nations Organization*, abgekürzt UN oder UNO, sind die größte internationale Organisation zur Sicherung des Weltfriedens und zur Förderung friedlicher internationaler Zusammenarbeit mit Sitz in New York. Sie wurde 1945 von 51 Staaten in San Francisco gegründet. 192 Staaten gehören derzeit zur UN. (Kap. 5, S. 124; Kap. 7, S. 170)

Vorbild (Kap. 5, S. 121)

Vorurteile (Kap. 5, S. 118)

Werte (Kap. 7, S. 106–171)

Bildquellen: A. Rückerl, Tegernheim: S. 15 (o. r./u. r.), 17, 35, 46, 60, 102 (o.), 137; © 1950 und 1998 Karl Rauch Verlag, Düsseldorf: S. 132; akg images: S. 10, 55 (o.), 63, 68 (o. l./o. m./o. r./u. l.), 78 (u.), 95 (u. r.), 153; Aus: Robinson, Francis: Atlas Of The Islamic World Since 1500, Andromeda Oxford Ltd.: S. 61 (u.), 66; C. Riedel, Bonn: S. 126 (m.); Gerd Lux (Ausbildungsleiter) Gemeinschaftslehrwerkstatt und Fortbildungszentrum für den Bezirk der IHK Bonn/Rhein Sieg e.V.: S. 191 (o.); Globus Infografik: S. 45: H. Sheronas, Berlin: S. 51; Interfoto, München: S. 103, 138 (o. r.); Loor Ens –Sprachschule für Gebärdensprache, Köln: S. 15 (u. l.); M. Venus, Regensburg: S. 99, 114; mauritius images: S. 98 (m.); MEV Verlags GmbH, Augsburg: S. 7 (o./u.), 8 (m. l./o. r./u. l./u.r.), 11, 15 (o. m.), 64 (u.), 73 (m. l./o. l./u. l./u. r.), 75, 80, 81, 83, 85, 87, 88, 93, 94, 105 (u. r.), 126 (u.), 129 (m.), 136 (u. r.), 138 (o. l.), 141, 147, 152 (o.), 156 (m. r./ o. l./ u. l./u. r.), 162, 163, 164, 183; P. Ferstl, Regensburg: Umschlagfoto, S. 8 (m. r./o. l./u. l./u. r.), 9, 44 (o. r.), 76, 77, 84, 126 (o.), 156 (o. r.), 177; picture-alliance: S. 15 (o. l.), 18 (o./m.), 19, 33, 36 (o. l./o. r.), 43, 44 (m. l./m. r./o. l./u. l./u. r.), 49, 52 (m. l./m. r./u. l./u. r.), 53 (m. l./m. r./u. l./u. r.), 54 (u.), 58 (o./u.), 59, 61 (o.), 65, 66, 69, 70 (o. l./u.), 73 (m. r.), 74 (u.), 78 (o.), 79 (o./u.), 86, 89 (u. l./u. r./o. l./o. r.), 92, 95 (außer u. r.), 97, 98 (o. und u.), 105 (o. r./u. l./u. m.), 109, 111, 116, 117, 119 (l./r.), 120, 122, 123, 124, 127 (o. l./o. r./u. l./u. r.), 129 (l./r.), 148, 149, 152 (u.), 156 (m. l.), 159, 165 (l./r.), 166 (o. l./o. r./u.), 167, 172, 176, 184, 189 (m./m. l./m. r./o. l./o. m./o. r./u. l./u. m./u. r.),185, 186, 188, 190, 191 (u.); plainpicture: S. 74 (o.), 125; R. Frische, Baunatal: S. 64 (o. l.); Rowohlt Verlag GmbH, Hamburg: S. 133; SV-Bilderdienst, München: S. 70 (o. r.); T. Heim, Gersthofen: S. 67, 131; ullstein bild: S. 73 (o. r.); Vereinte Nationen/RUNIC: S. 170; Verlagsarchiv, Troisdorf: S. 50, 64 (o. r.); WWF-Canon/Michéle DÉPRAZ: S. 37

Grafik:
Elisabeth Galas, Bad Neuenahr; Hendrik Kranenberg, Drolshagen; Mike Owen; Marlene Pohle, Stuttgart

Textquellen:

- S. 13: Brüder Grimm, Kinder- und Hausmärchen, Bd. 1, dtv klassik, München 1984, S. 316/7
- S. 14: Schuchardt, E.: Warum gerade ich …? Behinderung und Glaube. Pädagogische Schritte mit Betroffenen und Begleitenden. Burckhardthaus-Laetare-Verlag, 4. erw. Auflage 1988, S. 33
- S. 17: David Grossmann: Eine offene Rechnung, Karl Hanser Verlag München, Wien 2000, S. 8
- S. 18: www.hardykrugerjr.de und nach Unicef Nachrichten 4/2003, S. 22
- S. 27: aus Leonie Ossowski: Die große Flatter, Fischer TB „generation", Frankfurt am Main, 7. Auflage 2002, S. 24 und S. 28
- S. 31: Augsburger Allgemeine Zeitung
- S. 32: Langenscheidts Großwörterbuch Deutsch als Fremdsprache, 2002, S. 572 f.
- S. 33: nach Immanuel Kant: Der kategorische Imperativ; aus: Mit Sokrates im Liegestuhl. dtv München 200, S. 114 ff.
- S. 34: Lions Club International Foundation (Hrsg.); wissensch. begleitet Prof. Hurrelmann, erste dt. Bearbeitung 1996; Unterrichtsmaterialien und Kopiervorlagen, 2. Auflage 2000
- S. 36: http://www.wikipedia.org; nach: Popp, Georg (Hrsg.): Große Frauen der Geschichte; Arena Verlag Würzburg 1998; S. 267–272
- S. 37: Besetzung der Hainburger Au; aus: www.netlexikon.de
- S. 40: (Gerhard Zwerenz: Sich nicht alles gefallen lassen, aus: Günter Lange (Hrsg.): Arbeitstexte für den Unterricht. Deutsche Kurzgeschichten II (7.–8. Schuljahr). Stuttgart (Reclam) 1989 (Reclams UB 15008), S. 72 ff.)
- S. 42: Linde von Keyserlingk, Die schönsten Geschichten für die Kinderseele, Herder Verlag, Freiburg, 2001, S. 13–15
- S. 45: www.wikipedia/islam.de

Bild- und Textquellenverzeichnis

S. 47: Regenbogenschlangen, Esther Bisset, Martin Palmer, Zytglogge WWT, Bern 1998, S. 50 ff.
S. 47: Koran, Sure 17/23
S. 48: Hanne Straube, Insallah, Rowohlt, Reinbek 1989, S. 77/78 und S. 83/84
S. 49: Hanne Straube, Insallah, Rowohlt, Reinbek 1989, S. 106
S. 50/51: Spiegel Reporter: Fremd und Deutsch, Febr. 2000, Monatsmagazin, S. 28 ff.
S. 52: www.auswaertiges-amt.de/diplo/de/Laen- der/ Iran.html
S. 52: Aus den Reise- und Sicherheitshinweisen des Auswärtigen Amtes für Reisende in den Iran
S. 53: www.auswaertiges-amt.de/diplo/de/Laender/Tuerkei.html
S. 53: Aus den Reise- und Sicherheitshinweisen des Auswärtigen Amtes für Reisende in die Türkei
S. 54: Balta, Bottéro u. a.: Die Welt der Religionen, Otto Maier, Ravensburg, 1991 S. 184/185; und aus: Durant, Will: Kulturgeschichte der Menschheit. Weltreiche des Glaubens, Ullstein Verlag, Frankfurt u. a. 1981, S. 414 f.
S. 56: Malise Ruthven, Der Islam, eine kurze Einführung, Reclam Stuttgart 2002, S. 39–42
S. 57: Koran: Sure 2.222; Sure 4,4; Sure 4,35; Sure 24,32; Sure 33,60
S. 59: Ramadan aus Insallah S. 65
S. 61: Text und Abb. aus: Robinson, Francis: Der Islam, Bildatlas der Weltkulturen, Augsburg, Bechtermünz 1998, S. 203
S. 62: Aus: Usama ibn Munqid, Memoiren, deutsche Übersetzung in F. Gabrieli, Die Kreuzzüge aus arabischer Sicht. Dtv-Dokumente 4172, 1975, S. 118 f.
S. 63: Frei nach Märchen aus 1001 Nacht, nacherzählt von Peter Klusen, hg. Von Arena Kinderbuch-Klassiker, Würzburg 2005
S. 67: Anne Goebel aus: Süddeutsche Zeitung, 04./05.08.2007, S. 45
S. 71: Bayerisches Kochbuch, Birken-Verlag München, 1998, S. 90
S. 71: Orientküche, Gräfe und Unzer Verlag GmbH München, 2006, S. 61
S. 72: aus Alev Tekinay: Engin im Englischen Garten. Ravensburger Buchverlag Otto Maier, Ravensburg 1990, S. 31
S. 78: Bibel (Lk 24,5–6)
S. 83: Alfred Krüger, Nürnberger Nachrichten, 24.–26.12.1997
S. 86: Hey, Pippi Langstrumpf, Elfers, Konrad/Johanson, Jan/Franke, Wolfgang – Filmkunst Musikverlag München
S. 87: Henry David Thoraeu, Es genügt nicht nur fleißig zu sein, aus: Fleißig sein, wofür? Gesagt ist nicht gehört, Studienkreis (Hrsg.) 4. Aufl., 1987, S. 59
S. 95: Janos Burghardt, Jugendkultur und ihre Politik, Copyright 2001–2004 YAEZ Verlag, Stuttgart, www.Yaez.de/wissen/politik_021183718.html
S. 96: Hörschäden durch laute Musik, aus: dpa, 20. March, 2004; BMGS Presse, BMGS 1/2004, Fundstelle: hear-it.org
S. 97: Auszug aus „DIE ZEIT LEBEN": Ich habe einen Traum, Die Zeit Nr. 49, 25.11.2004, S. 74
S. 99: Helmut Langel, Destruktive Kulte und Sekten. Eine kritische Einführung. Bonn Aktuell, München/Landsberg a. Lech, 1995, S. 154 f.
S. 100: Die zehn Gebote, aus: http:// www. mdr.de/kultur/647735-hintergrund-661112. html (05.12.2005) Autor: Red. MDR
S. 101: Sekte, aus: http://de.wikipedia.org/ wiki/Sekte (06.12.2005); Liane von Billerbeck/ Frank Nordhausen, Scientology, aus: Der Sektenkonzern, Knaur TB, München 1994; Friedrich Wilhelm Haack, Hare Krishna, aus: Die neuen Jugendreligionen, Evang. Presseverband für Bayern, München, 1978
S. 103: Kettenraucher Wayne McLaren, aus: „Komm ins Land der Leichen", Hessischer Rundfunk 1992
S. 106: Sabinsky Holger, Schüler wird zum rettenden Engel, aus: Augsburger Allgemeine Zeitung Freitag, 24. Dezember 2004 AZ-Nummer 299

Bild- und Textquellenverzeichnis

S. 107: Sprüche aus einem Poesiealbum, aus: Kleines Buch der Poesiealbum-Verse, Anne Jenrich (Hrsg.) Falken Taschenbuch Basis, 1998

S. 111: Leitbilder in deiner nächsten Nähe, Interview mit Rana Farmanbakhch, 18 Jahre, Schülerin aus Hamburg, aus: Stern 44/2003, S. 269; Interview mit Sarah Connor, aus: Stern 44/2003, S. 270

S. 115: Fernsehen (nicht nur) eine Frage des Geschmacks, aus: Augsburger Allgemeine Zeitung Freitag, 17. September 2004 – Die Dritte Seite, Redaktionsmitglied Rupert Huber, AZ-Nummer 216

S. 116: Horst Haller, Mutter Teresa, Sie ist die „Mutter der Sterbenden", aus: tz München vom 22.08.1985, aus: Hirschgraben Lesebuch 8, S. 30, Cornelsen Berlin

S. 117: Die Geschwister Scholl, aus: http:// de.wikipedia.org/wiki/Geschwister_Scholl (06.12.2005)

S. 118: Norbert Lang, Definition „Vorurteil", aus: ww.sociologicus.de/lexikon/lex_soz/s_z/ vorurtei.htm (06.12.2005) Hrsg.: FH Lüneburg

S. 119: Internet: www.Buntewhoiswho.de (Artikel in Bunte 21/98, 14.5.98)

S. 121: „Vorbild" aus: Langenscheidt Großwörterbuch Deutsch als Fremdsprache, Berlin 2002, S. 1100

S. 122: „Idol" aus: Langenscheidts Großwörterbuch, Deutsch als Fremdsprache, Berlin 2002, S. 509

S. 123: Abb. und Definition aus: Philip Cam. Zusammen nachdenken; Philosophische Fragestellungen für Kinder und Jugendliche, Verlag an der Ruhr, 1996 Mühlheim, S. 108

S. 124: Waris Dirie, Wüstenblume, Ullstein-Tb. Allgemeine Reihe

S. 129: 323c StGB (Strafgesetzbuch): Unterlassene Hilfeleistung § 34 (1) StVO (Straßenverkehrsordnung)

S. 132: Der Kleine Prinz und der Säufer, Quelle: Antoine de Saint-Exupéry: Der Kleine Prinz, 1950 und 1998 Karl Rauch Verlag, Düsseldorf, S. 35

S. 133: Anatol Feid/ Natascha Wegner: Trotzdem hab ich meine Träume

S. 135: Alexander Rigos (Text) und Olaf Blecker (Fotos), Pubertät, Die klass. Psychologie, S. 248, aus: Stern 48/2002; Identität, aus: http:// de.wikipedia.org/wiki/Identit%C3%A4t (06.12.2005); Interview geführt von Annette Lache, Die Jugendlichen wollen sich reiben, Familienberater Jan-Uwe Rogge, aus: Stern 48/2002, S. 256

S. 139: Kontaktanzeigen, aus: Augsburger Allgemeine, Samstag, 13. Juli 2005 AZ–Nummer 168, S. 14, 15, Rubrik Heiraten/Bekanntschaften

S. 140: Theodor Storm, Ich bin mir meiner Seele, aus: Ich denke dein, Deutsche Liebesgedichte, S. 103, Herausgeber: Ingeborg Harnisch, Verlag der Nation, Berlin, 8. Aufl., 1990

S. 141 Marianne Mösle, Mehr als nur Freunde, Interview mit Pia und Konni aus: Brigitte 1/2005, S. 104/105

S. 145: Japanische Weisheit aus: Quellen östlicher Weisheit, Gedanken und Blumen aus China und Japan, Verlag Leobuchhandlung St. Gallen, 1960

S. 148: Harenberg Lexikon, Dortmund, 1994

S. 151: Hans-Georg Noack, Mensch Jörg, es war so schön

S. 152: Seneca (ca. 1–65 n. Chr.)

S. 153: Zitiert nach: Franz-Josef Brüggemeier und Michael Toyka-Seid (Hrsg.), Industrie-Natur. Lesebuch zur Geschichte der Umwelt im 19. Jahrhundert, Frankfurt/Main 1995, S. 29 ff.

S. 154: Bayerische Verfassung, Artikel 141,1

S. 155: Meckel, Christoph, Ausgewählte Gedichte 1955–1978, Athenäum, Königstein/Ts. 1979, S. 81–82

S. 158: Nach: www.wikipedia.de

S. 159: Johann Wolfgang von Goethe, 1749–1832

S. 175: Bibel Buch Tobias 4,16